Rheinisch-Westfälisches Institut für Wirtschaftsforschung Essen

Präsident:

Universitätsprofessor
Dr. Dr. h. c. Th. Wessels

Stellvertretende Präsidenten:

Dr. Gotthard Frhr. v. Falkenhausen
Hauptgeschäftsführer i. R.
Dr. H. Herker

Hauptgeschäftsführer
Dr. H. W. Köhler

Hauptgeschäftsführer
Dr. H. Reintges

Oberstadtdirektor Dr. Kh. Rewoldt

Direktor H.-J. Sendler

Wissenschaftlicher Direktor:

Universitätsprofessor Dr. W. Bauer

Geschäftsführender Direktor:

Dr. G. Winkelmeyer

Schriftleitung:
Dr. W. Lamberts

Verwaltungsrat:

Universitätsprofessor Dr. F. Baade, Direktor des Forschungsinstituts für Wirtschaftsfragen der Entwicklungsländer, Bonn

Lt. Ministerialrat R. Baumgarten, Kultusministerium Nordrhein-Westfalen, Düsseldorf

F. Bender, Vorsitzender des Westdeutschen Handwerkskammertages, Düsseldorf

Direktor Dr. h. c. F. Butschkau, Düsseldorf

Präsident E. Fessler, Landeszentralbank Nordrhein-Westfalen, Düsseldorf

Ministerialdirigent H. A. Giesen, Finanzministerium Nordrhein-Westfalen, Düsseldorf

Universitätsprofessor Dr. F. Grosse, Direktor der Ruhrkohlen-Beratung GmbH, Essen

Bankier R. Groth, Mitinhaber des Bankhauses C. G. Trinkaus, Düsseldorf

Staatssekretär Professor Dr. F. Halstenberg, Chef der Staatskanzlei beim Ministerpräsidenten des Landes Nordrhein-Westfalen, Düsseldorf

Universitätsprofessor Dr. F. W. Hardach, Präsident der Schmalenbach-Gesellschaft, Essen

Dr. H. Keunecke, Hauptgeschäftsführer der Industrie- und Handelskammer, Dortmund

Oberbergrat a. D. Th. Keyser, Essen

Bergwerksdirektor a. D. Dr. L. Kluitmann, Mülheim (Ruhr)

Staatsminister a. D. Dr. H. Koch, Dortmund

Lt. Ministerialrat Dr. G. Paschke, Ministerium für Wirtschaft, Mittelstand und Verkehr Nordrhein-Westfalen, Düsseldorf

Generaldirektor H. Schelberger, Vorstandsmitglied der Ruhrgas AG, Essen

Direktor Alfred E. Schulz, Hösel

Stadtdirektor a. D. Dr. H. Spitznas, Hauptgeschäftsführer der Industrie- und Handelskammer, Essen

Generaldirektor a. D. Dr. A. Steiger, Münster

Staatssekretär a. D. Franz Tillmann, Hauptgeschäftsführer der Industrie- und Handelskammer, Düsseldorf

THEO BECKERMANN · ARNIM SCHLAGHECKEN
Einzelhandel und Handwerk 1965 und 1975

SCHRIFTENREIHE DES RHEINISCH-WESTFÄLISCHEN
INSTITUTS FÜR WIRTSCHAFTSFORSCHUNG ESSEN

NEUE FOLGE HEFT 27

Einzelhandel und Handwerk 1965 und 1975

Absatz und Fläche

Von Theo Beckermann

und Arnim Schlaghecken

Duncker & Humblot · Berlin

Alle Rechte vorbehalten
© 1968 Duncker & Humblot, Berlin 41
Gedruckt 1968 bei Berliner Buchdruckerei Union GmbH., Berlin 61
Printed in Germany

Vorwort

In einer früheren, im März 1955 erschienenen Veröffentlichung: Die Eingliederung von Handwerks- und Einzelhandelsbetrieben in neue Wohngebiete*, haben wir die ungenügende Versorgung der Bevölkerung mit Waren und Dienstleistungen in neuen Wohnsiedlungen des Landes Nordrhein-Westfalen aufgezeigt. Das „Soll" der Gewerbeansiedlung wurde seinerzeit mit Hilfe des sog. Richtzahlverfahrens ermittelt. das heute als überholt gilt. In der jetzigen Untersuchung bedienen wir uns dazu der inzwischen entwickelten, zum Teil auch von uns verbesserten Methoden.

Die Untersuchung enthält eine Analyse und eine Prognose. Die Prognose ist erforderlich, um dem „Ist" der Gewerbeansiedlung das „Soll" der exakten Planung gegenüberzustellen. Diese muß bei langlebigen Gütern, wie Wohnsiedlungen, in die Zukunft weisen, wenn sie ihren Zweck erfüllen soll. Die Projektion bis 1975 ist ein Kompromiß zwischen der Forderung nach einem möglichst fernen Zieljahr und der Einsicht, daß die Gefahr der Fehlprognose mit jedem Projektionsjahr wächst. Mit der Mitte der 70er Jahre scheint ein ausreichender Zeitraum für die Einplanung von Gewerbebetrieben in neue Wohngebiete abgesteckt, ohne daß allzu große Abweichungen von der tatsächlichen Entwicklung zu erwarten sind.

Rechnerische Grundlage der Projektion war in erster Linie die Untersuchung von H. Schaefer: Der Private Verbrauch nach Herkunft und Verwendung, Schriftenreihe des Rheinisch-Westfälischen Instituts für Wirtschaftsforschung, N. F. 24, Essen 1966.

---

* Schriftenreihe des Rheinisch-Westfälischen Instituts für Wirtschaftsforschung, Essen 1955, N. F. 9.

Viele Details dieser Untersuchung fußen auf Angaben der einschlägigen Fachverbände des Einzelhandels und des Handwerks. Ihnen sei an dieser Stelle gedankt.

Zu Dank verpflichtet sind wir ferner dem Ministerium für Wirtschaft, Mittelstand und Verkehr des Landes Nordrhein-Westfalen und dem Bundesministerium für Wirtschaft; sie fördern die Forschungsarbeiten des Rheinisch-Westfälischen Instituts für Wirtschaftsforschung und haben auch diese Untersuchung finanziell unterstützt.

Essen, im Dezember 1967

Rheinisch-Westfälisches Institut
für Wirtschaftsforschung

Prof. Dr. Dr. h. c. Th. Wessels

Inhalt

A. Einführung 9
   Der Private Verbrauch nach Verwendungskategorien 9
   Von den Verwendungskategorien zu den Warensortimenten 11

B. Absatz, Fläche und Flächenbedarf des funktionalen Einzelhandels 16
   Die Entwicklungsaussichten 17
   Absatz je m² Verkaufsfläche und gesamte Verkaufsfläche 19
   Der Marktanteil der Großunternehmen 31
   Neue Formen der Warendarbietung 36
   Investitionen je m² Verkaufs- und Betriebsfläche 37

C. Fläche und Flächenbedarf der Handwerksbetriebe 42
   Bau- und Ausbaugewerbe 45
   Die Verkehrshandwerke 48

D. Einzelhandel und Handwerk in neuen Wohngebieten 51
   Siedlungen von 1 000 bis 100 000 Einwohnern 51
   Fristigkeiten des Bedarfs und Standort 58

E. Anhang 74
   Die Berechnung der Ladenumsätze 74
   Tabellenanhang 83
   Literaturverzeichnis 102

A. Einführung

Der Private Verbrauch nach Verwendungskategorien

Eine Konsumanalyse der Jahre 1950 bis 1966 für das Bundesgebiet hat ergeben, daß die Einkommensentwicklung als entscheidende Determinante des Anstiegs der Verbrauchsausgaben betrachtet werden kann. Als weitere bestimmende Einflußgröße kann die Bevölkerungsentwicklung angesehen werden. Ebenso zeigte die Analyse für diesen Zeitraum, daß die Veränderungen der Ausgabenquoten (w_i) der einzelnen Verwendungskategorien (i) am Privaten Verbrauch (y) einen typischen Verlauf nehmen und sehr gut zur Entwicklung der Einkommen bzw. der Verbrauchsausgaben insgesamt in Beziehung gesetzt werden können.

Für die ex-post-Analyse der Beziehungen zwischen der Entwicklung der Anteile der einzelnen Verbrauchskategorien und des Konsums insgesamt haben wir zunächst den Einfluß der Bevölkerungsentwicklung auf die Nachfrage in den Jahren 1950 bis 1966 eliminiert, indem wir der Berechnung die Ausgaben je Kopf der Bevölkerung zugrunde legten. Theoretisch mögliche Fälle der Entwicklung der Anteile und der Veränderung des Konsums insgesamt sind die folgenden:

1. Mit steigenden Gesamtausgaben (y) nimmt der Anteil (w_i) einzelner Verwendungskategorien am Gesamtkonsum (y) zu.

2. Mit wachsenden Gesamtausgaben fällt der Anteil.

3. Der Anteil wächst mit steigendem Gesamtkonsum bis zu einem bestimmten Maximum und sinkt dann wieder.

4. Mit steigendem Gesamtkonsum fällt der Anteil zunächst bis auf einen minimalen Wert; dann steigt er wieder an.

Soll für die Analyse eine mathematische Formel dieser Beziehungen aufgestellt werden, ist eine Funktion zu entwickeln, die alle vier möglichen Verhaltensarten einschließt. Daneben kann man die Hypothese formulieren, daß — wenn man die einzelnen Verbrauchskategorien begrifflich nicht zu eng faßt —

die Entwicklung der Anteile kontinuierlich verläuft. Beide Bedingungen werden sehr gut vom nachstehenden Ansatz (1) erfüllt[1]:

(1) $$w_i = a + b \, lg \, y + \frac{c}{y} ; \quad (i = 1,2 \ldots 55)$$

wobei bedeuten:

w_i = Anteil der (preisbereinigten) Ausgaben für die Verwendungskategorie i (x_i) an den realen Gesamtausgaben (y); $w_i = \frac{x_i}{y}$

a, b, c = zu schätzende Verhaltensparameter.

Bekanntlich erhält man die Reaktion der Ausgabenquote auf eine Gesamtausgabenänderung durch Ableitung des Ansatzes (1) nach y:

(2) $$\frac{d w_i}{d y} = \frac{b'}{y} - \frac{c}{y^2}$$

wobei:

$$b' = \frac{b}{\ln 10}$$

Die Fälle 1 bis 4 entsprechen alternativen Werten von (b) und (c), und zwar:

Fall 1 entspricht $b > 0$, $c < 0$;

Fall 2 entspricht $b < 0$, $c > 0$;

Fall 3 entspricht $b, c < 0$

Fall 4 entspricht $b, c > 0$

Die Regressionsanalyse der 55 Verwendungskategorien ergab, daß bei 52 Arten die Fälle 3 und 4 vorlagen, während Fall 2 nur dreimal auftrat. Das im Fall 1 charakterisierte Verhalten konnte nicht nachgewiesen werden. Dieses Ergebnis entspricht den aus der Theorie der sog. Engelkurven abzuleitenden Erwartungen. So kam Fall 3 insbesondere bei der Mehrzahl der Nahrungsmittelpositionen vor. Innerhalb des Zeitraums 1950 bis 1966 stiegen die Ausgaben für die Grundnahrungsmittel zunächst überdurchschnittlich an, dann — von der Mitte der fünfziger Jahre an — blieben sie hinter der Expansion des Gesamtkonsums zurück. Dagegen konnte bei der Analyse der Fall 4 für höherwertige Nahrungsmittel und Getränke sowie für Gebrauchsgüter des Haushalts einschl. PKW nachgewiesen werden; diese Ausgabenpositionen nehmen erst von einem bestimmten Einkommensniveau an überdurchschnittlich zu.

---

[1] Vgl. C. E. V. Leser, Forms of Engel Functions. „Econometrica", New Haven, Vol. 31 (1963), S. 694 ff.

Anhand der Ergebnisse für die Jahre 1950 bis 1966 haben wir für die Prognose der einzelnen Verbrauchsausgaben im Bundesgebiet folgende Hypothesen formuliert:

1. Auch in Zukunft wird die Einkommensentwicklung Umfang und **Struktur** der privaten Verbrauchsausgaben entscheidend bestimmen.
2. Auch das Bevölkerungswachstum beeinflußt die Verbrauchsausgaben.
3. Die Art der Abhängigkeit (Parameter a, b, c) einzelner Ausgabenquoten von der Einkommensentwicklung wird sich in Zukunft nicht wesentlich ändern (Annahme der Invarianz des Konsumentenverhaltens).
4. Die Einkommensentwicklung stimmt mit der Veränderung der **Verbrauchsausgaben insgesamt** überein (Annahme der Invarianz des Sparverhaltens).

Die Prognose des Privaten Verbrauchs und der einzelnen Verwendungszwecke stammt von H. Schaefer, der sich auf eine eigene Studie[2] stützen konnte.
Der Prognose waren Vorausschätzungen des gesamten Privaten Verbrauchs (y) und der Bevölkerung voranzustellen. Bei der Projektion des Privaten Verbrauchs konnte auf Studien der EWG-Kommission[3] und des Bundeswirtschaftsministeriums[4] zurückgegriffen werden: Wir sind davon ausgegangen, daß der reale Private Verbrauch je Kopf der Bevölkerung im Durchschnitt der Jahre bis 1975 um 3 vH steigt.

Die Bevölkerungsprognose für 1975 wurde nach Angaben des Statistischen Bundesamtes[5] durchgeführt.

Die einzelnen Ausgabenpositionen für 1975 haben wir ermittelt, indem wir prognostizierte Werte für y im Jahre 1975 in Gleichung (1) einsetzten. Man erhält dann w_i für 1975. Dieser Wert multipliziert mit den Gesamtausgaben y und der angenommenen Einwohnerzahl des Bundesgebiets von 1975 ergibt die Ausgaben für die Verwendungskategorien (i) im Jahre 1975.

Von den Verwendungskategorien zu den Warensortimenten

Die Prognose des Privaten Verbrauchs insgesamt und nach Verwendungszwecken ist die Grundlage der Projektion der Warensortimente im Einzelhandel und im Handwerkshandel, die den funktionalen Einzelhandel bilden. Um die Entwicklungstendenzen im (funktionalen) Einzelhandel in den Griff zu bekommen, haben wir die einzelnen Branchen unter dem Gesichtswinkel

---

[2] H. Schaefer, Der Private Verbrauch nach Herkunft und Verwendung. Schriftenreihe des Rheinisch-Westfälischen Instituts für Wirtschaftsforschung Essen. Essen 1966, N. F. 24.
[3] Vgl. Perspektiven der wirtschaftlichen Entwicklung in der EWG bis 1970. Hrsg. von der Kommission der EWG. Brüssel 1966.
[4] Siehe auch „Handelsblatt", Düsseldorf, vom 3. Mai 1967.
[5] Vgl. Vorausschätzung der Bevölkerung bis 2000. „Wirtschaft und Statistik", Stuttgart, Jg. 1966, S. 677 ff.

Tabelle 1: Entwicklung des privaten Verbrauchs 1965 bis 1975

Spalte	Ware/Warengruppe	Privater Verbrauch in Mill. DM		Veränderung in vH
		1965	1975 in Preisen von 1965	
1	Fleisch und Fleischwaren	19 679,4	22 266,6	+ 13,1
2	Fische, Fischwaren	1 135,4	1 380,6	+ 21,6
3	Eier	2 295,9	2 584,2	+ 12,6
4	Milch, Käse	5 853,4	6 018,0	+ 2,8
5	Butter	4 289,1	5 097,6	+ 18,9
6	Speisefette und -öle	1 841,8	601,8	− 67,3
7	Brot, Backwaren, Getreideerzeugnisse (ohne Suppen und Suppenkonserven)	9 814,5	10 124,4	+ 3,2
8	Kartoffeln	1 917,5	1 947,0	+ 1,5
9	Gemüse	3 204,2	4 885,2	+ 52,5
10	Obst	5 247,8	8 743,8	+ 66,6
11	Marmeladen, Süßwaren, Zucker	4 945,1	5 380,8	+ 8,8
12	Sonst. Nahrungsmittel (einschl. Suppen und Suppenkonserven)	1 387,6	1 840,8	+ 32,7
13	Summe 1−12	61 611,7	70 870,8	+ 15,0
14	Alkoholfreie Getränke	2 775,3	5 628,6	+ 102,8
15	Kaffee, Tee	3 885,4	5 664,0	+ 45,8
16	Alkoholische Getränke	13 880,8	19 611,6	+ 42,1
17	Summe 14−16	20 461,5	30 904,2	+ 51,0
18	Tabakwaren	8 931,4	10 513,8	+ 17,7
19	Kleidung	24 649,7	30 337,8	+ 23,1
20	Schuhe	5 424,5	7 469,4	+ 37,7
21	Summe 19−20	30 074,2	37 807,2	+ 25,7
22	Mieten	21 117,5	35 718,6	+ 69,1
23	Elektrizität	3 532,2	7 150,8	+ 102,4
24	Gas	933,5	1 345,2	+ 44,1
25	Kohlen und sonst. feste Brennstoffe	3 835,0	3 894,0	+ 1,5
26	Flüssige Brennstoffe	1 791,3	5 841,0	+ 226,1
27	Summe 23−26	10 092,0	18 231,0	+ 80,6
28	Möbel, Heimtextilien	10 949,8	12 956,4	+ 18,3
29	Heiz- und Kochgeräte, Haushaltsmaschinen aller Art	6 812,1	10 089,0	+ 48,1
30	Metall- und Glaswaren, sonst. dauerhafte Waren	2 901,5	3 823,2	+ 31,8
31	Tapeten, Farben, Baustoffe, Wohnungsreparaturen	908,3	1 309,8	+ 44,2
32	Dienstleistungen für die Haushaltsführung	4 339,6	4 354,2	+ 0,3

Spalte	Ware/Warengruppe	Privater Verbrauch in Mill. DM		Veränderung in vH
		1965	1975 in Preisen von 1965	
33	Sonstige Waren für die Haushaltsführung	3 456,5	5 168,4	+ 49,5
34	Fremde Reparaturen und Änderungen	302,8	566,4	+ 87,1
35	Summe 28–34	29 670,6	38 267,4	+ 29,0
36	Kraftfahrzeuge und Fahrräder	5 853,4	12 885,6	+ 120,1
37	Kraftstoffe und Schmiermittel	5 222,6	11 717,4	+ 124,4
38	Sonstige Waren, Reparaturen, Dienstleistungen für eigene Kraftfahrzeuge	3 456,5	8 496,0	+ 145,8
39	Fremde Verkehrsleistungen	6 610,3	5 770,2	− 12,7
40	Nachrichtenübermittlung	728,1	1 699,2	+ 117,3
41	Summe 36–40	21 924,9	40 568,4	+ 85,0
42	Waren- und Dienstleistungen für die Körperpflege	4 440,5	6 690,6	+ 50,7
43	Gesundheitspflege	4 970,3	8 035,8	+ 61,7
44	Summe 42–43	9 410,8	14 726,4	+ 56,5
45	Rundfunk-, Fernseh- und Phonogeräte, Zubehör, Klaviere, Reparaturen	5 853,4	10 655,4	+ 82,0
46	Sonst. dauerhafte Waren für Bildungs- und Unterhaltungszwecke	2 724,8	3 504,6	+ 28,6
47	Bücher, Zeitungen, Zeitschriften	5 979,5	8 531,4	+ 42,7
48	Sonstige Waren für Bildungs- und Unterhaltungszwecke	2 295,9	3 787,8	+ 65,0
49	Unterricht und Forschung	1 211,0	1 522,2	+ 25,7
50	Kunst, Sport, Vergnügen	3 229,4	4 531,2	+ 40,3
51	Gebühren, Beiträge	1 135,4	2 619,6	+ 130,7
52	Summe 45–51	22 429,5	35 152,2	+ 56,7
53	Persönliche Ausstattung, sonstige Waren	5 323,5	9 097,8	+ 70,9
54	Sonstige Dienstleistungen	11 202,1	12 142,2	+ 8,4
55	Summe 53–54	16 525,6	21 240,0	+ 28,5
56	Privater Verbrauch insgesamt (Inlandskonzept)	252 300	354 000	+ 40,3

Quelle: Berechnungen und Schätzungen nach H. Schaefer, Der Private Verbrauch nach Herkunft und Verwendung. (Schriftenreihe des Rheinisch-Westfälischen Instituts für Wirtschaftsforschung, N. F. 24), Essen 1966.

der Nachfrage neu gegliedert und zu Bedarfsgruppen zusammengefaßt. Die „Umsetzung" der Verwendungszwecke (im Rahmen des Privaten Verbrauchs) in branchenübliche Sortimente bereitete im allgemeinen keine Schwierigkeiten, so daß auch die jeweiligen entsprechenden Veränderungsraten weitgehend übernommen werden konnten. Lediglich dort, wo in der Verbrauchsprognose nur Gruppen ausgewiesen werden, wie „Kleidung", „Waren- und Dienstleistungen für die Körperpflege" und in einigen anderen Fällen, waren diese weiter aufzugliedern und die jeweilige Veränderungsrate gemäß den voraussichtlichen künftigen Chancen der entsprechenden Einzelhandels- und Handwerksbranchen zu modifizieren. Bei der Umstellung von der Verbrauchs- auf die Sortiments- und Branchenrechnung war ferner zu berücksichtigen, daß die Sortimente des Einzelhandels nicht nur Verbrauchsgüter, sondern hier und dort auch Investitionsgüter enthalten. Das führte insoweit nicht nur zu anderen Inhalten der branchenüblichen Warensortimente gegenüber den Verwendungszwecken, sondern erforderte von Fall zu Fall auch eine Korrektur der Veränderungsraten. Solche Überlegungen waren u. a. bei Büromaschinen und -möbeln anzustellen; der Private Verbrauch beschränkt sich hier auf Kleinmaschinen, während das Sortiment der Fachhändler auch größere Büromaschinen sowie Büromöbel und Bürobedarf umfaßt. Nicht auf der Grundlage des Privaten Verbrauchs, sondern mit Hilfe spezieller Daten wurden die Werte für die Bedarfsgruppe Verkehr ermittelt.

Manchen Positionen des Verbrauchs, z. B. den fremden Verkehrsleistungen, der Nachrichtenübermittlung, den Reparatur- und bestimmten Dienstleistungen, Gebühren und Beiträgen, stehen im Einzelhandel und Handwerkshandel keine Äquivalente gegenüber. In anderen Bedarfsgruppen weichen die Anteile am gesamten Privaten Verbrauch sowie am gesamten funktionalen Einzelhandel voneinander ab, so z. B. bei Bekleidung und Schuhen mit 12 vH (Verbrauch) und 19 vH (Einzelhandel) sowie bei Hausrat und Wohnbedarf mit 10 vH (Verbrauch) und 14 vH (Einzelhandel). Da es sich hier um Gruppen mit relativ geringen Zuwachsraten in der Zeit von 1965 bis 1975 handelt, vermindert sich im Vergleich zum Privaten Verbrauch zwangsläufig auch der Gesamtzuwachs des funktionalen Einzelhandels. Jener steigt nach unserer Projektion um 40 vH, dieser beträgt 36,6 vH.

Zweck dieser Untersuchung ist die Ermittlung von Sollwerten für den Ansatz von Einzelhandels- und Handwerksbetrieben in neuen Wohngebieten — ausgedrückt in m² Verkaufsfläche, Geschäftsfläche und Betriebsfläche. Die rechnerische Grundlage dieser Untersuchung ist somit der Absatz der verschiedenen Waren und Warengruppen in den Ladengeschäften. Wie wir dabei im einzelnen vorgegangen sind, ist aus dem Anhang (Die Berechnung der Ladenumsätze) und — in Kurzform — aus der nachstehenden Übersicht zu ersehen[6].

---

[6] Methodische Studien sind z. T. in den im Literaturverzeichnis aufgeführten Untersuchungen enthalten, u. a. in Nr. 8, 15, 16, 19, 28, 30 und 32.

Der Flächenbedarf wird für Siedlungen verschiedener Größe ermittelt. In einer später folgenden Untersuchung sollen bestimmte Neu-Siedlungsgebiete — vornehmlich im Lande Nordrhein-Westfalen — untersucht werden. Dann wird in jedem Fall festzustellen sein, welcher Anteil der Verbrauchsausgaben der Bewohner im Siedlungsgebiet bleibt und wieviel in andere Gebiete abfließt. Dies zu ermitteln, wird um so schwieriger sein, als die Anteile nicht nur von den sozialen Gegebenheiten, von den Einkaufsgewohnheiten der Bewohner, von der regionalen Lage der jeweiligen Siedlung usw. abhängen, sondern weil auch Umfang, Form und Gliederung der Einkaufs- und Gewerbezentren im neuen Wohngebiet selbst die Kaufkraftströme beeinflussen.

Ermittlung der Ladenumsätze im funktionalen Einzelhandel

Umsatz im Jahre 19..

	Facheinzelhandel
+	Warenhäuser und stationärer Vertrieb des Versandhandels
+	Handwerkshandel[a)] minus Umsätze der Betriebe mit Schwerpunkt im Einzelhandel
+	Einzelhandelsumsätze des Großhandels — soweit sie in Ladengeschäften getätigt werden

Zwischensumme

−	Großhandelsumsätze des Einzelhandels — soweit sie n i c h t im Laden getätigt werden
−	Ab-Lager-Handel — soweit er nicht mit den Großhandelsumsätzen des Einzelhandels identisch ist
−	Markthandel und ambulanter Handel
−	Umsätze aus selbsthergestellten Waren — soweit diese n i c h t im Laden verkauft werden
−	Umsätze aus Reparaturen, Installations- und Montageleistungen des Einzelhandels
−	Lieferungen ins Haus der Verbraucher
−	Automatenabsatz
−	Absatz am Grauen Markt — soweit er nicht schon als Einzelhandelsumsatz des Großhandels ausgewiesen ist

Summe (= Umsatz einer Branche)

a) In bestimmten Konsumgüterhandwerken sind hierzu (statistisch) auch die Handwerksumsätze zu rechnen, so bei den Bäckern, Konditoren, Fleischern und Kürschnern.

B. Absatz, Fläche und Flächenbedarf des funktionalen Einzelhandels

Der Warenabsatz in Ladengeschäften wurde entsprechend dem Zweck dieser Untersuchung in der Hauptsache für Konsumgüter ermittelt. Investitionsgüter sind nur in einigen Branchen bzw. Warengruppen enthalten, z. B. in elektrotechnischen Erzeugnissen, Foto-, Kino- und sonstigen feinmechanischen und -optischen Artikeln, Papier und Bürobedarf, Kraftwagen. Für den Wirtschaftsbedarf, d. h. für Büromaschinen, Büromöbel und Organisationsmittel sowie für den Einzelhandel mit technischem Bedarf, wurde eine besondere Gruppe gebildet. Damit umfaßt der Katalog alle wichtigen Waren (vereinzelt auch Dienstleistungen), die in den Ladengeschäften des Einzelhandels und Handwerks abgesetzt werden und beim Ansatz von Gewerbebetrieben in neuen Wohngebieten zu berücksichtigen sind.

Die künftige Entwicklung des Ladenabsatzes insgesamt und in den einzelnen Branchen ist im Hinblick auf die Grenzpositionen, z. B. auf die Einzelhandelsumsätze des Großhandels oder die Großhandelsumsätze des Einzelhandels, schwierig zu beurteilen, da die Tendenzen uneinheitlich sind. Der Graue Markt z. B., hier der Einzelhandelsumsatz des Großhandels, hat seit Aufhebung der Preisbindung im Jahre 1962 bei Elektro-, Rundfunk- und Fernsehgeräten, aber auch bei verschiedenen Hausratsartikeln an Boden verloren. Dagegen ist er anhaltend bis in die jüngste Zeit bei Körperpflegemitteln, Wasch-, Putz- und Reinigungsmitteln im Zunehmen begriffen.

Die Großhandelslieferungen des Einzelhandels im ganzen scheinen eher zurückzugehen oder doch wenigstens merklich schwächer zu steigen als die eigentlichen Einzelhandelsumsätze. Bei Foto-, Kino- und sonstigen feinmechanischen und -optischen Erzeugnissen ist dies der Fall, weil sich immer mehr einschlägige Großhandlungen spezialisieren, z. B. auf die Röntgen- oder auf die Reproduktionsfotografie, und die Abnehmerbetriebe ihre Geräte und Materialien zunehmend von diesen Spezialgroßhandlungen beziehen. Bei Farben, Lacken und Tapeten nimmt der Marktanteil des Einzelhandels und des selbständigen Großhandels zugunsten der Malereinkaufsgenossenschaften ab. Auch bei Hausrat geht der Anteil der Großhandelsumsätze des Einzelhandels zurück; dagegen nimmt er bei Eisenwaren eher zu.

Die Entwicklungsaussichten

Die verfügbaren Einkommen der privaten Haushalte, aus denen die Ausgaben für Konsumgüter im wesentlichen bestritten werden, werden in den nächsten 10 Jahren nicht mehr so stark wachsen wie im letzten Jahrzehnt, also von Mitte der 50er bis Mitte der 60er Jahre. Von 1955 bis 1965 ist das verfügbare Einkommen in der Bundesrepublik real um 134 vH gewachsen; für die Zeit von 1965 bis 1975 nehmen wir eine Zunahme von etwa 40 vH an. Dennoch wird sich die besonders seit Beginn der 60er Jahre erkennbare Verlagerung der Verbrauchernachfrage von den lebensnotwendigen zu den nichtlebensnotwendigen Gütern fortsetzen, da der f r e i verfügbare Teil des Einkommens, die sog. vagabundierende Kaufkraft, weiterhin schneller zunehmen wird als der durch fixe Ausgaben gebundene. Der Trend zum gehobenen und — nach heutigen Begriffen — zum Luxusbedarf wird vor allem dann zunehmen, wenn sich die Konsumenten in der Bundesrepublik in Zukunft bei größeren Anschaffungen nach amerikanischem Beispiel mehr als bisher verschulden. Nach der genannten Projektion wird der Gesamtumsatz des funktionalen Einzelhandels in Ladengeschäften von 1965 bis 1975 um rd. 37 vH zunehmen. Die Skala der Zuwachsraten der einzelnen Bedarfsgruppen zeigt diese Rangfolge:

Veränderung des Absatzes in Ladengeschäften des Einzelhandels und Handwerkshandels 1965—1975

Bedarfsgruppe	Veränderung zu konstanten Preisen + vH
Verkehr	74
Schmuck und Geschenkartikel	71
Körper- und Gesundheitspflege	60
Bildung und Unterhaltung	45
Hausrat und Wohnbedarf	40
Nahrungs- und Genußmittel	25
Bekleidung und Textilien	23
Wirtschaftsbedarf	57
Absatz in Ladengeschäften des Einzelhandels und Handwerkshandels (funktionaler Einzelhandel) insgesamt	37

An der Spitze liegt also der Absatz von Kraftwagen, Zweirädern und Zubehör. Den Ausschlag gibt hier der Personenkraftwagen, der auf der Einkaufsliste der breiten Volksschichten den ersten Platz einnimmt, der bei den Gruppen mit höherem Einkommen aber auch als Zweit- und Drittwagen an Boden gewinnt. Der Absatz von neuen Personenkraftwagen wird sich allerdings nach allgemeinen Annahmen der Stückzahl nach nur noch geringfügig steigern lassen; absolut und relativ stärker wird sich der Übergang zu größeren und komfortableren Kraftfahrzeugen auswirken. Schließlich wird sich der Gebrauchtwagenmarkt mit wachsendem Bestand an Fahrzeugen vergleichsweise kräftig beleben (vgl. hierzu auch S. 50). In der Skala der Bedarfsgruppen folgen, läßt man den Wirtschaftsbedarf unberücksichtigt, Schmuck- und Geschenkartikel (Uhren, Gold- und Silberwaren, Leder- und Galanteriewaren); hier nimmt der Absatz zu konstanten Preisen nach der Projektion im nächsten Jahrzehnt mit reichlich 70 vH immerhin fast doppelt so stark zu wie der Gesamtumsatz in den Ladengeschäften des funktionalen Einzelhandels. Beträchtlich über diesem Durchschnitt liegen auch die Waren und Dienstleistungen für die Körper- und Gesundheitspflege, wobei Arzneimittel und Reformwaren führen. Die wachsende Freizeit der Arbeitnehmer wirkt sich günstig auf die Gruppe Bildung und Erholung aus, auf den Absatz von Fotogeräten, Ferngläsern, Sport-, Jagd- und Campingartikeln, Büchern und zoologischen Artikeln. Infolge des Vorrangs des Kraftfahrzeuges, das heute fast zum unelastischen Bedarf gehört, hält sich der Anstieg dieser Gruppe jedoch im nächsten Jahrzehnt in Grenzen. In der Gruppe Hausrat und Wohnbedarf, der insgesamt etwa durchschnittliche Aussichten eingeräumt werden, liegen Rundfunk-, Fernseh- und Phonogeräte mit reichlich +80 vH vorn; am Schluß stehen mit +18 vH Möbel, Teppiche, Heimtextilien und andere Waren. Hier wirkt sich die allmähliche Bedarfssättigung im Zeichen abflauender Wohnungsbautätigkeit aus. In den Gruppen Nahrungs- und Genußmittel sowie Bekleidung, Textilien und Zubehör — am Schluß der Skala — ist ebenfalls eine stärkere Differenzierung festzustellen. Innerhalb der ersteren fällt der relativ geringe Anstieg bei Brot und Backwaren sowie bei Fleisch und Fleischwaren auf. Bei Bekleidung steht im Hinblick auf den Umfang wie auf die Zuwachsrate der Bedarf der Damen vor dem der Herren.

Die Nachfragewandlungen kommen naturgemäß auch in den Anteilen der einzelnen Bedarfsgruppen am Gesamtabsatz der Ladengeschäfte des (funktionalen) Einzelhandels zum Ausdruck. Der Anteil der Gruppe Verkehr erhöht sich von 1965 bis 1975 von 11,4 vH auf 14,6 vH und derjenige der Gruppe Körper- und Gesundheitspflege von 6 vH auf 7 vH, während Nahrungs- und Genußmittel sowie Bekleidung und Textilien 1975 nur noch 37,4 vH und 14,8 vH des Gesamtabsatzes der Einzelhändler in der Bundesrepublik auf sich vereinigen gegenüber 40,8 vH und 16,4 vH vor 10 Jahren.

Die Zuwachsraten und die Differenzierung zwischen den einzelnen Bedarfsgruppen in der Zeit von 1965 bis 1975 mögen auf den ersten Blick groß erscheinen, gegenüber der Entwicklung von 1955 bis 1965 sind sie gering. Dies zeigt die Tabelle auf S. 19, die einen Überblick über die Entwicklung der einzelnen „Verwendungszwecke" im Rahmen des Privaten Verbrauchs (nach der volkswirtschaftlichen Gesamtrechnung) gibt. Danach ist von 1955 bis 1965 der Private Verbrauch insgesamt in Preisen von 1962 um rd. 87 vH gewachsen.

Am schwächsten war der Anstieg mit rd. 50 vH im Nahrungsmittelsektor, wobei Fleischwaren mit +56 vH bezeichnenderweise erheblich besser abgeschnitten haben als Brot- und Backwaren (+18 vH). Es folgen Schuhe, Möbel und Heimtextilien, Kleidung und Tabakwaren sowie Waren und Dienstleistungen für die Körperpflege (77 bis 96 vH). Hoch oben in der Tabelle stehen Rundfunk- und Fernsehgeräte (+227 vH) sowie Kraftfahrzeuge und Fahrräder (+ rd. 299 vH), also vornehmlich technische Güter.

Veränderungen des Privaten Verbrauchs 1955 bis 1965

Verwendungszweck	Veränderung zu konstanten Preisen + vH
Kraftfahrzeuge und Fahrräder	298,5
Rundfunk- und Fernsehgeräte sowie Klaviere einschl. Reparatur	226,9
Getränke	142,4
Heiz- und Kochgeräte	114,9
Waren und Dienstleistungen für die Körperpflege	96,4
Tabakwaren	88,9
Kleidung	86,8
Möbel und Heimtextilien	82,6
Schuhe	77,1
Fleisch und Fleischwaren	56,4
Brot und Backwaren	18,2
Privater Verbrauch insgesamt	87,2

Quelle: H. Schaefer, Der Private Verbrauch nach Herkunft und Verwendung, a.a.O.

Absatz je m² Verkaufsfläche und Verkaufsfläche insgesamt

Die Verkaufs- und Geschäftsflächen des funktionalen Einzelhandels (institutioneller Einzelhandel und Handwerkshandel)[1] haben wir wie folgt ermittelt: Gesamtabsatz in Ladengeschäften dividiert durch Absatz je m² Verkaufs- bzw. Geschäftsfläche.

Den Gesamtabsatz in Ladengeschäften haben wir mit Hilfe der amtlichen Statistiken errechnet, den Absatz je m² Verkaufs- und Geschäftsfläche dagegen haben wir den Veröffentlichungen des Instituts für Handelsforschung entnommen[2].

Die vom Institut für Handelsforschung ausgewiesenen Absatzwerte je m² Verkaufsfläche für den Facheinzelhandel entsprechen jeweils dem „Durchschnittswert" der erfaßten Branchen und Personengrößenklassen. Im Vergleich zur Umsatzsteuerstatistik sind das jedoch überdurchschnittliche Werte, da die

---

[1] Die Einzelhandelsumsätze des Großhandels sind in unserer Rechnung statistisch dem institutionellen Einzelhandel zugeordnet worden, soweit sie normalerweise in Ladengeschäften getätigt werden.
[2] Vgl. Umsatz, Kosten, Spannen und Gewinn des Einzelhandels in der Bundesrepublik Deutschland 1961 bis 1963. (Schriften zur Handelsforschung, Nr. 32). Köln und Opladen 1965, S. 18 f., ferner „Mitteilungen des Instituts für Handelsforschung an der Universität zu Köln", Jg. 17 (1965), Nr. 8; Jg. 18 (1966), Nr. 8.

Tabelle 2: Absatz in den Ladengeschäften des Einzel- und Handwerkshandels; Absatz je m² Verkaufsfläche und Verkaufsfläche insgesamt[1] nach Bedarfsgruppen und Untergruppen 1965 und 1975 (Bundesgebiet)

Bedarfsgruppe/Untergruppe	Absatz in den Ladengeschäften in Mill. DM		Veränderung in vH	Absatz je m² Verkaufsfläche in DM		Verkaufsfläche insgesamt m²		Veränderung in vH
	1965	1975a		1965	1975a	1965	1975a	
Funktionaler Einzelhandel insg.	150 695	205 850	+ 36,6	4 880	5 910	30 885 800	34 844 800	+ 12,8
Nahrungs- und Genußmittel insg.	61 525	77 025	+ 25,2	5 920	6 670	10 389 000	11 544 800	+ 11,1
Nahrungs- und Genußmittel versch. Art	45 400	58 600	+ 29,1	6 170	7 100	7 358 200	8 254 000	+ 12,2
Brot und Backwaren[2]	5 775	6 525	+ 13,0	3 510	3 720	1 645 300	1 755 150	+ 6,7
Fleisch und Fleischwaren[2]	10 350	11 900	+ 15,0	7 470	7 750	1 385 500	1 535 650	+ 10,8
Anteil der Bedarfsgruppe an insgesamt in vH	40,8	37,4	—	—	—	33,7	33,1	—
Bekleidung, Textilien und Zubehör	24 728	30 398	+ 22,9	3 540	4 100	6 989 300	7 487 600	+ 7,1
Herrenoberbekleidung	3 856	4 434	+ 15,0	4 420	5 000	872 400	886 800	+ 1,7
Damenoberbekleidung	5 813	7 441	+ 28,0	4 560	5 380	1 274 800	1 383 100	+ 8,5
darunter Kürschnerwaren	824	1 236	+ 50,0	—	—	—	—	—
Textilien versch. Art. und Zubehör	15 059	18 523	+ 23,0	3 110	3 550	4 842 100	5 217 700	+ 7,8
Anteil der Bedarfsgruppe an insgesamt in vH	16,4	14,8	—	—	—	22,6	21,5	—
Schuhe und Zubehör	4 034	5 559	+ 37,8	3 820	4 000	1 056 000	1 389 800	+ 31,6
Anteil der Bedarfsgruppe an insgesamt in vH	2,7	2,7	—	—	—	3,4	4,0	—
Hausrat und Wohnbedarf	21 730	30 305	+ 39,5	2 700	3 310	8 034 400	9 146 700	+ 13,8

Möbel, kunstgewerbliche Erzeugnisse, Antiquitäten, Teppiche, Heimtextilien, Haushaltswäsche u. a. m.	8 546	10 050	+ 17,6	1 620	1 800	5 275 300	5 583 300	+ 5,8
Elektrotechn. Erzeugnisse, Herde, Öfen, Hausrat, Nähmaschinen, Metall-, Glas- und keramische Waren	8 912	13 012	+ 46,0	4 420	5 200	2 016 300	2 502 300	+ 24,1
Rundfunk-, Fernseh- und Phonogeräte	2 828	5 167	+ 82,7	5 450	6 500	518 900	794 900	+ 53,2
Tapeten, Farben, Lacke, Fußbodenbeläge	1 444	2 076	+ 43,8	6 450	7 800	223 900	266 200	+ 18,9
Anteil der Bedarfsgruppe an insgesamt in vH	14,4	14,7	–			26,0	26,3	–
Bildung, Unterhaltung, Erholung	6 347	9 169	+ 44,5	4 770	5 700	1 329 900	1 608 100	+ 20,9
Foto-, Kino- und sonstige feinmech. und -optische Erzeugnisse (ohne einschläg. Umsätze der Drogerien und der Augenoptiker)	1 136	1 462	+ 28,7	7 620	8 500	149 100	172 000	+ 15,4
Musikinstrumente, Spielwaren, Sport- und Campingartikel, Waffen, Munition und Jagdartikel	1 437	1 848	+ 28,6	3 100	3 600	463 500	513 300	+ 10,7
Musikalien, Bücher, Zeitungen, Zeitschriften	1 679	2 389	+ 42,3	5 900	7 800	284 600	306 300	+ 7,6
Sämereien, Futter- und Düngemittel, Blumen und zoologischer Bedarf	960	1 593	+ 65,9	4 300	5 000	223 300	318 600	+ 42,7
Schreib- und Papierwaren, Schul- und Bürobedarf	1 135	1 877	+ 65,4	5 420	6 300	209 400	297 900	+ 42,3
Anteil der Bedarfsgruppe an insgesamt in vH	4,2	4,5	–			4,3	4,6	–
Körper- und Gesundheitspflege	9 021	14 418	+ 59,8	5 950	7 920	1 515 700	1 819 700	+ 20,1
Körperpflegemittel und Kosmetika, Putz- und Reinigungsmittel	1 419	2 129	+ 50,0	4 700	6 200	301 900	343 400	+ 13,7

Tabelle 2 (Fortsetzung)

Bedarfsgruppe/Untergruppe	Absatz in den Ladengeschäften in Mill. DM		Veränderung in vH	Absatz je m² Verkaufsfläche in DM		Verkaufsfläche insgesamt m²		Veränderung in vH
	1965	1975[a]		1965	1975[a]	1965	1975[a]	
Arzneimittel, Drogerie- und Reformwaren	6 792	10 989	+ 61,8	6 570	8 800	1 033 800	1 248 800	+ 20,8
Sonstige Waren und Leistungen für die Gesundheitspflege	810	1 300	+ 60,5	4 500[b]	5 710[b]	180 000	227 500	+ 26,4
Anteil der Bedarfsgruppe an insgesamt in vH	6,0	7,0	—	—	—	4,9	5,2	—
Verkehr: Kraftwagen, Zweiräder und Zubehör	17 217	29 958	+ 74,0	28 700[c]	45 700[c]	600 000	656 000	+ 9,3
Anteil der Bedarfsgruppe an insgesamt in vH	11,4	14,6	—	—	—	1,9	1,9	—
Uhren, Schmuck und andere Geschenkartikel	3 125	5 340	+ 70,9	6 770	8 580	461 300	622 600	+ 35,0
Uhren, Juwelier-, Gold- und Silberwaren	2 133	3 647	+ 71,0	8 750	11 800	243 800	309 100	+ 26,8
Leder- und Galanteriewaren	992	1 693	+ 70,7	4 560	5 400	217 500	313 500	+ 44,1
Anteil der Bedarfsgruppe an insgesamt in vH	2,1	2,6	—	—	—	1,5	1,8	—
Wäscherei und Chemischreinigung	1 730	1 730	± 0	—	—	350 000	350 000	± 0
Anteil der Bedarfsgruppe an insgesamt in vH	1,1	0,8	—	—	—	1,1	1,0	—
Wirtschaftsbedarf	1 238	1 948	+ 57,4	7 730	8 870	160 200	219 500	+ 37,0
Büromaschinen, Büromöbel, Organisationsmittel	878	1 372	+ 56,3	12 500[d]	15 000[d]	70 200	91 500	+ 30,3

| Technischer Bedarf (einschl. Installationsbedarf) | 360 | 576 | +60,0 | 4 000 | — | 4 500 | — | 90 000 | 0,5 | 128 000 | +42,2 |
| Anteil der Bedarfsgruppe an insgesamt in vH | 0,8 | 0,9 | | | | | | | | 0,6 | — |

Quelle: Statistisches Bundesamt, Umsatzsteuerstatistik 1964 (Fachserie L: Finanzen und Steuern, Reihe 7, Umsatzsteuer 1964, Stuttgart und Mainz 1966), Umsatzentwicklung im Einzelhandel (Fachserie F: Groß- und Einzelhandel, Gastgewerbe, Fremdenverkehr, Reihe 3, Einzelhandel, I. Umsätze, monatlich erscheinend), Handwerkszählung 1963 (Fachserie D: Industrie und Handwerk, Handwerkszählung 1963, Heft 1, Stuttgart und Mainz 1967 sowie Vorabergebnisse in „Wirtschaft und Statistik", monatlich erscheinend), Handwerksberichterstattung (Fachserie D: Industrie und Handwerk, Reihe 7, Handwerk, I. Beschäftigte und Umsatz, vierteljährlich erscheinend) sowie Institut für Handelsforschung, Beschaffung, Lagerung, Absatz und Kosten des Einzelhandels in der Bundesrepublik Deutschland in den Jahren 1955, 1956 und 1957 (Schriften zur Handelsforschung, hrsg. von R. Seyffert, Nr. 11, Köln und Opladen 1959), Umsatz, Kosten, Spannen und Gewinn des Einzelhandels in der Bundesrepublik Deutschland in den Jahren 1961, 1962 und 1963 (Schriften zur Handelsforschung, begründet von R. Seyffert, hrsg. von E. Sundhoff in Gemeinschaft mit H. Buddeberg, R. Nieschlag und F. Klein-Blenkers, Nr. 32, Köln und Opladen 1965) und „Mitteilungen des Instituts für Handelsforschung an der Universität zu Köln", Jg. 17 (1965), Nr. 8 und Jg. 18 (1966), Nr. 8. — Eigene Berechnungen und Schätzungen. — 1 Absatz und Verkaufsfläche jeweils ohne Berücksichtigung von Umsätzen aus Reparaturen. Dienstleistungen wurden in Einzelfällen einbezogen, so z. B. die Wäscherei und Chemischreinigung sowie die sonstigen Waren und Leistungen für die Gesundheitspflege. — 2 Einschl. Lebensmittel, soweit sie in den Fachgeschäften des Handwerks verkauft werden. — a) In Preisen von 1965. — b) Rechnerische Werte: Absatz von Handelswaren und Dienstleistungen dividiert durch Verkaufsfläche insgesamt. — Beteiligt sind Augenoptiker, Orthopädiemechaniker, Bandagisten und Orthopädieschuhmacher. — c) Rechnerische Werte: Absatz auf der Einzelhandels- und Großhandelsstufe in Ladengeschäften insgesamt dividiert durch geschätzte Verkaufsfläche. Ladengeschäfte bestehen im allgemeinen nur für PKW, Kombiwagen, Zweiräder und Kraftfahrzeugzubehör. Im übrigen schließt die Verkaufsfläche im Kraftfahrzeugsektor die Ausstellungsfläche ein. — d) Hier Absatz insgesamt, also nicht nur in Ladengeschäften. Der Absatz je m² VF ist entsprechend überhöht.

Anmerkung: Im allgemeinen wurde die Gesamtverkaufsfläche durch Division: Absatz in den Ladengeschäften durch Absatz je m² VF gebildet. — Die Werte für den funktionalen Einzelhandel sind das Ergebnis der Addition der Einzelwerte (Absatz in Ladengeschäften, Verkaufsfläche insg.) oder des gewogenen arithmetischen Durchschnitts (Absatz je m² Verkaufsfläche). Differenzen durch Runden der Zahlen. — Detaillierte Aufgliederung der Bedarfs- und Untergruppen s. Übersicht: Abstimmung der Systematiken (S. 80 ff.). — Unberücksichtigt geblieben sind bei den Berechnungen: Der Einzelhandel mit Landmaschinen und landwirtschaftlichen Geräten (kommt nur für ländliche Siedlungen sowie Siedlungen mit weitem landwirtschaftlich genutzten Hinterland in Betracht), mit festen und flüssigen Brennstoffen, mit Leder und Schuhmacherbedarf sowie mit Gebrauchtwaren (ohne Kraftfahrzeuge und Antiquitäten). Im Handwerk sind nicht berücksichtigt Müller, Bestattungswesen, Gebäudereiniger, ferner alle kleinen aussterbenden Zweige, z. B. Seiler, Handschuhmacher, Holzschuhmacher usw., auch soweit sie häufig mit Ladengeschäften verbunden sind. Ferner blieben außer Ansatz: Gaststätten und Beherbergungsgewerbe einschl. Trink- und Imbißhallen, Tankstellen, Fahrschulen, Reisebüros, Lichtspieltheater, Leihbüchereien, Banken, Post und sonst. öffentliche Dienste, Ärzte, Rechtsanwälte und sonst. freie Berufe.

mittleren und größeren Betriebe an den Betriebsvergleichen dieses Instituts relativ stark beteiligt sind. Aus diesem Grunde konnten die höheren Absatzwerte der Warenhäuser und sonstigen Großbetriebe des Einzelhandels je m², die vor allem bei Lebensmitteln, Textilien, Hausrat und Wohnbedarf ins Gewicht fallen, bei den Berechnungen für das Jahr 1965 unberücksichtigt bleiben: Die Werte entsprechen u. E. in etwa den effektiven Durchschnitten der einzelnen Branchen. Soweit Handwerker als Einzelhändler in Erscheinung treten, wie insbesondere bei Nahrungsmitteln, wurden die Absatzwerte je m² durch Befragung der zuständigen Fachverbände ermittelt.

Besondere Verfahren machten einige Dienstleistungsbereiche notwendig. Bei den Gesundheitshandwerken mit Ladengeschäften (Augenoptiker, Bandagisten, Orthopädiemechaniker und -schuhmacher) sowie bei den Wäschern und Chemischreinigern z. B. mußten die „Gesamtverkaufsflächen" mangels anderer Anhaltspunkte durch Multiplikation der Zahl der Betriebe (Gesundheitshandwerke) bzw. Annahmestellen (Wäscher und Chemischreiniger) mit der durchschnittlichen Fläche je Betrieb (einschl. Zweigniederlassungen) berechnet werden.

In der Gruppe Kraftwagen, Zweiräder und Zubehör, wo ein wesentlicher Anteil des Gesamtabsatzes in den Büros der Händler und Werkstätten abgewickelt wird, sind wir von den durchschnittlichen Verkaufsflächen je Betrieb ausgegangen, die dann mit der jeweiligen Zahl der Betriebe (1965 bzw. 1975) multipliziert wurde. Die Verkaufsflächen insgesamt sind hier also rein rechnerische Werte, obwohl der Absatz dieser Branchen in Ladengeschäften in der üblichen Weise ermittelt wurde.

Die gesamte Verkaufsfläche des funktionalen Einzelhandels, also des institutionellen Einzelhandels und des Handwerkshandels, betrug 1965 in der Bundesrepublik einschl. Berlin (West) schätzungsweise rd. 30,900 Mill. m² [3]. Bis 1975 wird sich die Gesamtverkaufsfläche des funktionalen Einzelhandels nach unserer Projektion auf 34,850 Mill. m² erhöht haben. Von dem Gesamtzuwachs von 3,960 Mill. m² Verkaufsfläche entfallen danach allein etwa 57 vH auf die Bedarfsgruppen Nahrungs- und Genußmittel mit 1,155 Mill. m² und Hausrat und Wohnbedarf mit 1,112 Mill. m². Weitere 498 000 m² kommen auf die Gruppe Bekleidung, Textilien und Zubehör, 304 000 m² auf die Körper- und Gesundheitspflege und 278 000 m² auf die Bedarfsgruppe Bildung, Unterhaltung und Erholung.

Im letzten Jahrzehnt haben sich die Verkaufsflächen im Zuge des Wiederaufbaus, des Ausbaus der Stadtzentren und der Errichtung zahlreicher Neu-

---

[3] Tietz kam für das Jahr 1965 aufgrund globaler Berechnungen und Schätzungen auf eine Gesamtverkaufsfläche des funktionalen Einzelhandels (Ladeneinzelhandlungen einschl. Handwerksläden) von 26,5 Mill. m² und auf eine Gesamtgeschäftsfläche von 48 Mill. m². (Vgl. hierzu B. Tietz, Konsument und Einzelhandel. Frankfurt/Main 1966, S. 415, sowie derselbe, Die Konsequenzen von Wandlungen in der Bevölkerungs- und Wirtschaftsstruktur auf die Kommunal- und Regionalplanung, in: Einkaufszentren in Form von integrierten oder selbständigen Siedlungen. (Haus der Technik — Vortragsveröffentlichungen, H. 76) Essen 1966.

siedlungsgebiete stark ausgedehnt. Auch künftig werden gewiß erhebliche neue Verkaufsflächen geschaffen werden, ihr Umfang wird aber von Jahr zu Jahr etwas abnehmen. Dies gilt auch unter Berücksichtigung der Tatsache, daß nicht nur die Großunternehmen des Einzelhandels, also die Waren- und Versandhäuser sowie die Filialunternehmen, sondern auch die mittelständisch orientierten Genossenschaften und Handelsketten zahlreiche neue Vorhaben — bis zum Verbrauchermarkt oder sogar Einkaufszentrum — planen und wohl auch größtenteils realisieren werden. Im ganzen wird das Expansionstempo dennoch allmählich nachlassen, wenn auch die Dynamik hier oder dort gewiß nach wie vor anhält. Nach unseren Vorstellungen wird im nächsten Jahrzehnt der Rationalisierungseffekt im ganzen relativ stärker sein als der Expansionseffekt, d. h. der Absatz je m² Verkaufsfläche wird mehr zunehmen als die Verkaufsfläche. Beim gesamten funktionalen Einzelhandel rechnen wir aufgrund der Schätzungen und Berechnungen für die einzelnen Branchen für das Jahrzehnt von 1965 bis 1975 mit einem Zuwachs des Absatzes je m² Verkaufsfläche von 4 880 DM auf 5 910 DM oder um 21 vH; dem steht, wie erwähnt, eine Ausdehnung der Verkaufsfläche von rund 30,900 Mill. m² auf 34,850 Mill. m², also um knapp 13 vH, gegenüber.

Im Detail differenziert sich das Bild. Nach unseren Annahmen steht beispielsweise im gleichen Zeitraum bei Kraftfahrzeugen, Kraftfahrzeugteilen und Zweirädern einem Plus des Absatzes je m² Verkaufsfläche von 59 vH ein Plus der Verkaufsfläche von nur 9 vH gegenüber; bei Körperflegemitteln und Kosmetika sind es +32 vH (Absatz je m² Verkaufsfläche) zu +14 vH (Verkaufsfläche), bei Bekleidung, Textilien und Zubehör +16 vH zu +7vH und bei Möbeln, Teppichen, Heimtextilien und dgl. +11 vH zu +6 vH.

Die Gründe für die vergleichsweise starke Erhöhung des Absatzes je Flächeneinheit in diesen Gruppen sind recht unterschiedlich. Im Möbel- sowie im Textil- und Bekleidungsbereich wirkt sich der Trend der Verbraucher zu den Großunternehmen aus, der u. E. auch im nächsten Jahrzehnt im ganzen stärker sein wird als derjenige zu den kleineren Geschäften mit schmalem, aber tiefem Sortiment. In anderen Bereichen, z. B. bei Körperpflegemitteln und Kosmetika, bei Büchern und Zeitschriften usw., gilt zur Zeit die Selbstbedienung als stärkster Rationalisierungsfaktor. Dagegen ist im Hinblick auf den Absatz von Kraftwagen, Zweirädern und Kraftfahrzeugersatzteilen und -zubehör die hohe Kapazität der einschlägigen Geschäfte in die Kalkulation einzubeziehen (vgl. hierzu auch S. 50). Eine Ausdehnung der Verkaufsfläche — um etwa ein Zehntel — wird hier in erster Linie aufgrund der erwarteten Verdichtung des Vertriebsnetzes ausländischer Automobilwerke angenommen. Die großen deutschen Werke dürften ihr Verteilungssystem im wesentlichen dem Bedarf entsprechend ausgebaut haben.

Im Bereich des gehobenen Bedarfs, bei Pelzwaren und bei Juwelier-, Gold- und Silberwaren, aber auch bei Foto-, Kino- und sonstigen feinmechanischen und -optischen Erzeugnissen und schließlich bei Tapeten, Lacken und Bodenbelägen werden der Rationalisierungs- und der Erweiterungseffekt voraus-

Tabelle 3: Veränderung des Absatzes insgesamt, des Absatzes je m² Verkaufsfläche und der Verkaufsfläche insgesamt in den Ladengeschäften des Einzel- und Handwerkshandels 1975 gegenüber 1965, in vH (Bundesgebiet)

Bedarfsgruppe/Untergruppe	Absatz in den Ladengeschäften	Absatz je m² Verkaufsfläche	Verkaufsfläche insgesamt
Funktionaler Einzelhandel insg.	+ 36,6	+ 21,1	+ 12,8
Nahrungs- und Genußmittel insg.	+ 25,2	+ 12,7	+ 11,1
Nahrungs- und Genußmittel verschiedener Art	+ 29,1	+ 15,1	+ 12,2
Brot und Backwaren	+ 13,0	+ 6,0	+ 6,7
Fleisch und Fleischwaren	+ 15,0	+ 3,7	+ 10,8
Bekleidung, Textilien und Zubehör	+ 22,9	+ 15,8	+ 7,1
Herrenoberbekleidung	+ 15,0	+ 13,1	+ 1,7
Damenoberbekleidung	+ 28,0	+ 18,0	+ 8,5
darunter Kürschnerwaren	+ 50,0	–	–
Textilien versch. Art und Zubehör	+ 23,0	+ 14,1	+ 7,8
Schuhe und Zubehör	+ 37,8	+ 4,7	+ 31,6
Hausrat und Wohnbedarf	+ 39,5	+ 22,6	+ 13,8
Möbel, kunstgewerbliche Erzeugnisse, Antiquitäten, Teppiche, Heimtextilien, Haushaltswäsche u. a. m.	+ 17,6	+ 11,1	+ 5,8
Elektrotechnische Erzeugnisse, Herde, Öfen, Hausrat, Nähmaschinen, Metall-, Glas- und keram. Waren	+ 46,0	+ 17,6	+ 24,1
Rundfunk-, Fernseh- und Phonogeräte	+ 82,7	+ 19,3	+ 53,2
Tapeten, Farben, Lacke, Fußbodenbeläge	+ 43,8	+ 20,9	+ 18,9
Bildung, Unterhaltung, Erholung	+ 44,5	+ 19,5	+ 20,9
Foto-, Kino- und sonstige feinmech. und -optische Erzeugnisse (ohne einschlägige Umsätze der Drogerien und Augenoptiker)	+ 28,7	+ 11,5	+ 15,4
Musikinstrumente, Spielwaren, Sport- und Campingartikel, Waffen, Munition und Jagdartikel	+ 28,6	+ 16,1	+ 10,7
Musikalien, Bücher, Zeitungen, Zeitschriften	+ 42,3	+ 32,2	+ 7,6
Sämereien, Futter- und Düngemittel, Blumen und zoologischer Bedarf	+ 65,9	+ 16,3	+ 42,7
Schreib- und Papierwaren, Schul- und Bürobedarf	+ 65,4	+ 16,2	+ 42,3

Bedarfsgruppe/Untergruppe	Absatz in den Ladengeschäften	Absatz je m² Verkaufsfläche	Verkaufsfläche insgesamt
Körper- und Gesundheitspflege	+ 59,8	+ 33,1	+ 20,1
Körperpflegemittel und Kosmetika, Putz- und Reinigungsmittel	+ 50,0	+ 31,9	+ 13 7
Arzneimittel, Drogerie- und Reformwaren	+ 61,8	+ 33,9	+ 20,8
Sonstige Waren und Leistungen für die Gesundheitspflege	+ 60,5	+ 26,9	+ 26,4
Verkehr: Kraftwagen, Zweiräder und Zubehör	+ 74,0	+ 59,2	+ 9,3
Uhren, Schmuck und andere Geschenkartikel	+ 70,9	+ 26,7	+ 35,0
Uhren, Juwelier-, Gold- und Silberwaren	+ 71,0	+ 34,9	+ 26,8
Leder- und Galanteriewaren	+ 70,7	+ 18,4	+ 44,1
Wäscherei und Chemischreinigung	± 0	−	± 0
Wirtschaftsbedarf	+ 57,4	+ 14,7	+ 37,0
Büromaschinen, Büromöbel, Organisationsmittel	+ 56,3	+ 20,0	+ 30,3
Technischer Bedarf (einschl. Installationsbedarf)	+ 60,0	+ 12,5	+ 42,2

Quelle und Erläuterungen siehe Tabelle 2.

sichtlich nicht sehr voneinander abweichen. Neue Geschäfte des gehobenen Bedarfs werden in Zukunft vornehmlich außerhalb der Stadtzentren, vor allem in neuen Wohngebieten und in Einkaufszentren, gegründet werden. In der City dagegen wird das Wachstum der Nachfrage in erster Linie eine Erhöhung des Absatzes je m² Verkaufsfläche zur Folge haben, da die Verkaufsflächen angesichts der Knappheit des Bodens nur noch in sehr begrenztem Maße ausgedehnt werden können. Der Absatz je m² wird hier um so kräftiger zunehmen, als die langfristige Entwicklung durch den Trend zu hochwertigen Waren gekennzeichnet ist. Ähnlich ist die Lage im Fotohandel sowie bei Tapeten, Lacken und Bodenbelägen, wenn auch gerade hier die Großunternehmen des Einzelhandels ihren Absatz nicht nur durch Intensivierung des Absatzes je Flächeneinheit, sondern auch durch Ausdehnung der Verkaufsflächen steigern.

Einen stärkeren Anstieg der Verkaufsflächen als des Absatzes je m² nehmen wir außer für den Schuh-, Leder- und Galanteriewaren- sowie Schreibwaren-, Schul- und Bürobedarfseinzelhandel insbesondere für technische Güter an:

für Rundfunk- und Fernsehgeräte mit +53 vH (Verkaufsfläche) zu +19 vH (Absatz je m² Verkaufsfläche), Büromaschinen (+30 vH zu +20 vH) sowie elektronische Erzeugnisse, Metall- und Kunststoffwaren usw. einschl. Hausrat (+24 vH zu +18 vH). Vor allem bei Elektroerzeugnissen wird die Entwicklung jedoch möglicherweise nicht so sehr durch die Neugründung von Betrieben als durch das Übergreifen verwandter Branchen auf derartige Artikel gekennzeichnet sein.

Die wichtigsten Determinanten des Absatzes je m² Verkaufsfläche sind naturgemäß die allgemeine wirtschaftliche Entwicklung und die spezifischen, die jeweilige Branche berührenden Nachfragetendenzen. Die Verbraucher bestimmen das Flächenausmaß und den Absatz je m² Verkaufsfläche durch die Bevorzugung bestimmter Distributionsformen mit, z. B. durch den vorzugsweisen „Einkauf unter einem Dach", d. h. in Waren- und Kaufhäusern, oder — entgegengesetzt — durch Einkauf in Spezialgeschäften mit tiefem Sortiment. Auch die Änderungen im Einzelhandel selbst beeinflussen Flächenumfang und Grad der Leistung, gleich, ob sie eine noch höhere Anziehungskraft der Geschäfte bewirken sollen oder ob sie aufgrund mangelnden Käuferinteresses vorgenommen werden. Hier sind die Rationalisierungsmaßnahmen der Einzelhandelsgeschäfte, der Übergang zur Selbstbedienung und die Beschleunigung des Kaufvorganges durch Maschinen und spezielle Einrichtungen sowie verbesserte Arbeitsorganisation zu nennen. In diesem Zusammenhang ist ferner auf das Aufkommen und die Ausbreitung der modernen Vertriebsformen, der Supermärkte, Diskontläden usw., hinzuweisen, die nach und nach an die Stelle der kleinen Läden treten und infolge ihrer vergleichsweise großen Leistung je m² den Gesamtbedarf an Verkaufsfläche vermindern. Schließlich wirken sich die Veränderung der Gesamtfläche selbst — durch den Abgang und den Zugang von Geschäften (zumeist unterschiedlicher Größe)[4] — sowie die Unternehmer- und die Personalleistung auf den Absatz je m² Verkaufsfläche aus.

Die Schätzung der künftigen Absatzwerte je m² Verkaufsfläche (Mitte der 70er Jahre) ist angesichts dieser Faktoren besonders problematisch. Dies gilt um so mehr, als der wachsende Anteil der Großunternehmen am Warenabsatz berücksichtigt werden muß[5]. Wir haben daher die Absatzwerte je m² Verkaufsfläche für 1975 nach Anhörung der jeweiligen Fachverbände geschätzt.

Welche Dynamik der Entwicklung der Verkaufsflächen im Einzelhandel immer noch innewohnt, geht daraus hervor, daß sowohl die Filialunternehmen als auch die Genossenschaften und Handelsketten die Errichtung zahlreicher Verbrauchermärkte planen und vereinzelt schon in Angriff genommen haben.

---
[4] Die Statistik gibt hierüber nur im Rahmen der Totalerhebungen Auskunft, im Hinblick auf den Handel letztmalig 1959/60 (Handelszensus). Doch gilt es als sicher, daß die Zahl der (kleinen) Einzelhandelsbetriebe zurückgeht, während die Zahl der großen (Filial-)Betriebe und ihrer Niederlassungen zunimmt.
[5] Der Anteil der Großunternehmen am Umsatz des (institutionellen) Einzelhandels wird sich — wenn die Entwicklung bis 1975 im gleichen Tempo anhalten wird wie in den Jahren 1962 bis 1966 — von etwa 26 vH auf 33 vH erhöhen (vgl. hierzu S. 31).

Die durchschnittliche Größe der SB-Läden der Mitgliedsfirmen der Arbeitsgemeinschaft der Lebensmittel-Filialbetriebe hat sich im Bundesgebiet allein von 1965 bis 1966 von 180,6 m² auf 196,2 m², also um 8,6 vH vergrößert[6]. Die Reserven in diesem Bereich werden deutlich, wenn man sich vor Augen führt, daß Ende 1966 nur 6 vH dieser Verkaufsstellen über 400 m², 19,2 vH zwischen 200 und 400 m² und 74,8 vH unter 200 m² zählten[6].

Der Umsatz je m² Verkaufsfläche betrug bei den Mitgliedsfirmen der Arbeitsgemeinschaft der Lebensmittel-Filialbetriebe 1966 trotz der relativ starken Erhöhung der durchschnittlichen Verkaufsflächen mit 7 172 DM knapp 1 vH mehr als 1965 (7 108 DM)[6].

Auch die Warenhäuser haben den Absatz je m² Verkaufsfläche bei ständiger Flächenausweitung in den letzten Jahren erhöhen können. Nach Beendigung des freiwilligen Expansionsstopps (Ende 1967) wird hier allerdings möglicherweise der Zuwachs an Verkaufsfläche v o r ü b e r g e h e n d so groß sein, daß der Absatz je m² Verkaufsfläche stagniert oder sogar leicht zurückgeht.

Sowohl hier wie bei den Filialunternehmen, den Konsumgenossenschaften und anderen Großunternehmen des Einzelhandels werden die Verkaufsflächen teils durch die Eröffnung neuer Zweigniederlassungen und teils durch den Umbau und Ausbau der bestehenden Betriebe vergrößert.

Im Facheinzelhandel dagegen vermindert sich die Zahl der Betriebe: Vor allem Kleingeschäfte schließen. Dieser Schrumpfungsprozeß geht allerdings langsam vonstatten, langsamer jedenfalls, als man angesichts der Unrentabilität vieler dieser Geschäfte annehmen sollte. Manches von ihnen wird bis zum Tode oder bis zur vollen Invalidität ihrer Inhaber fortgeführt; diese sind oft zu alt, sich auf eine andere Erwerbstätigkeit umzustellen und können daher auf die vorhandene Einkommensquelle nicht verzichten, und zwar auch dann nicht, wenn Umsatz und Gewinn stark zurückgehen. Da zugleich neue Betriebe mit relativ großen Verkaufsflächen gegründet werden, verringert sich die gesamte Verkaufsfläche auch im F a c h einzelhandel vorerst nur wenig. Dies gilt um so mehr, als auch hier neue Flächen durch Um- und Ausbau gewonnen werden, wodurch sich in der Regel zugleich der Absatz je m² Verkaufsfläche erhöht[7].

Nach Angaben der Hauptgemeinschaft des Deutschen Einzelhandels haben sich „in den letzten 5 Jahren" die Geschäftsflächen um 10 bis 15 vH vergrößert, „ohne daß neue Standorte in Angriff genommen wurden"[7]. Dies ergab sich aufgrund einer im Auftrage dieser Stelle vom Institut für Handelsforschung durchgeführten Untersuchung, der auch die nachstehende Tabelle entnommen ist.

---

[6] Vgl. W. Osel, Die Filialunternehmen konnten sich behaupten, „Handelsblatt", Düsseldorf, vom 9. Oktober 1967.
[7] Vgl. Hauptgemeinschaft des Deutschen Einzelhandels, 19. Arbeitsbericht (1966). Köln 1967, S. 27 ff.

Tabelle 4: Veränderung der Geschäftsfläche je Betrieb in ausgewählten Branchen des Einzelhandels (Bundesgebiet)

Geschäftszweig	Durchschnittliche Geschäftsfläche je Betrieb				
	aller erfaßten Betriebe		vergleichbarer Betriebe		
	1959	1964	1959	1964	Veränderung
	in m²				in vH
Lebensmittel	140	148	171	164	− 4,1
Textil insgesamt	593	578	585	673	+15,0
darunter:					
Herren- und Knabenoberbekleidung	556	626	591	748	+26,6
Damen-, Mädchen- und Kinderoberbekleidung	521	540	552	623	+28,9
Herren-, Damen- und Kinderoberbekleidung	983	880	1 008	1 089	+ 8,0
gemischtes Sortiment	753	922	731	864	+18,2
Wäsche, Wirk- und Strickwaren	180	182	171	176	+ 2,9
Haus- und Bettwäsche, Bettwaren	530	495	588	612	+ 4,1
Schuhe	267	300	271	309	+14,0
Eisenwaren und Hausrat	854	1 022	1 032	1 200	+16,3
darunter:					
gemischtes Sortiment	1 072	1 396	1 235	1 434	+16,1
Drogerien	185	164	223	256	+14,8
Büromaschinen, -möbel und Organisationsmittel	627	623	712	985	+38,3
Möbel	1 902	2 314	1 764	2 018	+14,4
Glas, Porzellan und Keramik	558	543	363	352	− 3,0
Leder- und Galanteriewaren	221	265	265	285	+ 7,5
Papier-, Schreibwaren und Bürobedarf	306	313	326	376	+15,3
Fotoeinzelhandel	276	343	247	274	+10,9
Sortimentsbuchhandel	182	189	199	224	+12,6
Uhren, Gold- und Silberwaren	107	145	108	118	+ 9,3
Sportartikel	321	371	320	413	+29,1
Rundfunk- und Fernsehartikel	287	317	266	345	+29,7
Gemischtwaren	239	176	191	225	+17,8
Einzelhandel insgesamt	.	.	.	.	+10 bis 15

Quelle: Mitteilungen des Instituts für Handelsforschung an der Universität zu Köln und Ergebnisse einer Sonderauswertung (zitiert nach Hauptgemeinschaft des Deutschen Einzelhandels [Hrsg.], 19. Arbeitsbericht, (1966), Köln 1967, S. 29).

Der Marktanteil der Großunternehmen

Die Entwicklung des Handwerks und des selbständigen Einzelhandels steht im Zeichen der Konzentration. Der Prozeß ist dadurch gekennzeichnet, daß die Kleinbetriebe ausscheiden oder — abgesehen von jungen, entwicklungsfähigen Betrieben — stagnieren, während die großen überdurchschnittlich expandieren und ihren Marktanteil erhöhen. Lediglich die Betriebe im Mittelfeld zeigen im Rahmen der allgemeinen Entwicklungstendenz ein gewisses Beharrungsvermögen.

Allein von 1962 bis 1966 ist nach der amtlichen Statistik der Umsatz der Filial-, der Warenhaus- und der Versandhandelsunternehmen um knapp 50 vH gewachsen gegenüber 31 vH beim gesamten Einzelhandel und 25,5 vH beim einzelwirtschaftlichen Einzelhandel. Damit hat sich der Anteil der genannten Großunternehmen am Einzelhandel von 22,4 vH (1962) auf 25,6 vH (1966) erhöht.

Der Bedarf an Handels- und sonstigen Dienstleistungen wird sich im Zuge der Gesamtentwicklung vermutlich stärker ausdehnen als die Nachfrage im Bereich der gewerblichen Produktion. Dabei wird aber der Marktanteil der Großbetriebe aller Voraussicht nach weiter auf Kosten der Klein- und Mittelbetriebe des Einzelhandels, z. T. auch des Handwerks (Nahrungsmittel, Bekleidung, Hausrat und Wohnbedarf, Güter des persönlichen Bedarfs) wachsen. Ginge der Prozeß bis 1975 im gleichen Tempo weiter wie von 1962 bis 1966, würde sich der Anteil der großen Einzelhandelsunternehmen am Gesamtumsatz des Einzelhandels bis dahin (von 26 vH) auf 33 vH erhöhen.

Die Großunternehmen investieren seit Jahren erheblich mehr, als es ihrem Umsatzanteil entspricht. Die Verkaufsfläche der großen Warenhäuser hat sich allein im letzten Jahrzehnt (von 1955 bis 1966) etwa verdoppelt. Der Anteil aller Warenhäuser am Gesamtumsatz des Einzelhandels betrug 1966 im Bundesgebiet knapp 10 vH. In manchen Großstädten war (und ist) er wesentlich höher; so lag er 1963/64 z. B. in Berlin (West) bei 16 vH, in Köln bei 18 vH und in Frankfurt/Main bei 20 vH. Die Warenhäuser haben nach dem Kriege nicht nur in Großstädten, sondern auch in Mittelstädten, ja selbst in Städten mit weniger als 50 000 Einwohnern Verkaufsstellen errichtet oder aufgekauft. In den Großstädten haben sie die Verkaufsflächen vielfach erweitert und darüber hinaus in den attraktiven Vororten Warenhaus- und Kleinpreisfilialen eröffnet.

Nach Sortimenten betrachtet, ist die Position der Warenhäuser bei Bekleidung, Textilien, Schuhen und einschlägigem Zubehör besonders stark. Sie setzen hier etwa ein Fünftel des gesamten (institutionellen) Einzelhandels oder (1966) etwa 6,2 Mrd. DM um. Bei Nahrungs- und Genußmitteln beträgt der Anteil 4 vH und der absolute Wert knapp 2,7 Mrd. DM. Für Möbel, Teppiche, Heimtextilien und Haushaltswäsche lauten die entsprechenden Werte 16 vH und 1,5 Mrd. DM, für elektrotechnische Artikel, Herde, Öfen und Hausrat, Rundfunk-, Fernseh- und Phonogeräte 10 vH und 1,25 Mrd. DM. Am höchsten ist

Tabelle 5: Zur Umsatzentwicklung der Betriebsformen im Einzelhandel 1962 bis 1965 (Bundesgebiet)

Betriebsform		1962	1963	1964	1965	1966
Filialunternehmen	1000 DM	10 948,9	11 474,4	12 799,2	14 748,1	16 072,9
	1962 = 100	100	104,8	116,9	134,7	146,8
Veränderung gegen Vorjahr in vH		—	+ 4,8	+ 11,5	+ 15,2	+ 9,0
Warenhausunternehmen	1000 DM	9 005,4	9 698,8	10 788,5	12 400,5	13 427,1
	1962 = 100	100	107,7	119,8	137,7	149,1
Veränderung gegen Vorjahr in vH		—	+ 7,7	+ 11,2	+ 14,9	+ 8,3
Versandhandelsunternehmen	1000 DM	3 845,9	4 180,5	4 692,0	5 591,9	6 107,3
	1962 = 100	100	108,7	122,0	145,4	158,8
Veränderung gegen Vorjahr in vH		—	+ 8,7	+ 12,2	+ 19,2	+ 9,2
Konsumgenossenschaften (und sonst. Verbraucherorganisationen)	1000 DM	3 447,8	3 516,8	3 758,1	4 023,6	4 161,5
	1962 = 100	100	102,0	109,0	116,7	120,7
Veränderung gegen Vorjahr in vH		—	+ 2,0	+ 6,9	+ 7,1	+ 3,4
Einzelhandel insgesamt	1000 DM	106 152,9	111 354,4	119 952,8	131 948,1	138 954,1
	1962 = 100	100	104,9	113,0	124,3	130,9
Veränderung gegen Vorjahr in vH		—	+ 4,9	+ 7,7	+ 10,0	+ 5,3
Einzelwirtschaftlicher Einzelhandel	1000 DM	78 905,0	82 534,6	87 821,2	95 080,5	99 025,7
	1962 = 100	100	104,6	111,3	120,3	125,5
Veränderung gegen Vorjahr in vH		—	+ 4,6	+ 6,4	+ 8,3	+ 4,1
darunter: Einzelhandel ohne feste Arbeitsstätte	1000 DM	1 533,2	1 603,8	1 706,5	1 847,5	1 924,2
	1962 = 100	100	104,6	111,3	120,5	125,5
Veränderung gegen Vorjahr in vH		—	+ 4,6	+ 6,4	+ 8,3	+ 4,1

Quelle: Statistisches Bundesamt, Umsatzsteuerstatistik 1962, S. 56; „Wirtschaft und Statistik", Wiesbaden, Jg. 1967, Heft 3, S. 172.

der Anteil mit 26 vH bei Musikinstrumenten, Spielwaren, Sport- und Campingartikeln; der absolute Umfang ist hier allerdings mit schätzungsweise 400 Mill. DM im Jahre 1966 relativ gering.

Die Versandhäuser expandierten neuerdings vor allem durch Eröffnung von Warenhäusern. 1966 betrug der Anteil der Versandhäuser am gesamten Umsatz des (institutionellen) Einzelhandels mit 6,1 Mrd. DM 4,4 vH. Auf den stationären Vertrieb entfielen davon schätzungsweise 2,2 Mrd. DM.

Die freiwillige Selbstbeschränkung, die sich die Großunternehmen (Waren- und Versandhäuser) gelegentlich (letztmalig 1965) auferlegen, kann den Expansions- und Investitionsdrang nur vorübergehend dämpfen[8].

In jüngerer Zeit dehnen sich auch die — zunächst hauptsächlich von den sog. Cash and Carry-Großhandlungen gegründeten — Verbrauchermärkte aus, die sich als zugkräftige Discont-Warenhäuser im Grünen erweisen. Im Herbst 1967 gab es bereits über 50 solcher Märkte. Ihre Zahl wird u. U. rasch zunehmen,

Tabelle 6: Umsatz der Warenhäuser nach Bedarfsgruppen 1966 (Bundesgebiet)

Bedarfsgruppe	in Mill. DM	Anteil am Gesamtumsatz des funktionalen Einzelhandels in vH
Nahrungs- und Genußmittel insgesamt	2 680	4,0
Bekleidung, Textilien und Zubehör, Schuhe	6 240	20,1
Möbel, Teppiche, Gardinen, Heimtextilien, Haushaltswäsche	1 500	16,1
Elektrotechnische Erzeugnisse, Herde, Öfen, Hausrat, Rundfunk-, Fernseh- und Phonogeräte	1 250	9,9
Musikinstrumente, Spielwaren, Sport-, Camping- und Jagdartikel	400	25,7
Uhren und Schmuckwaren	200	8,4
Schreib- und Papierwaren, Schul- und Bürobedarf	190	15,4
Sonstige Waren	940	2,5
Warenhäuser insgesamt	13 400	8,2

Eigene Berechnungen und Schätzungen.

---

[8] Die Warenhauskonzerne und der Versandhandel haben sich damals bekanntlich gegenüber dem Bundeswirtschaftsminister bereit erklärt, in Städten mit weniger als 200 000 oder 250 000 Einwohnern „vorerst" keine Niederlassungen mehr zu errichten.

3 Beckermann-Schlaghecken

wollen doch, wie verlautet, nicht nur die Filialunternehmen, sondern auch die Handelsketten und Genossenschaften, also die Zusammenschlüsse mittelständischer Unternehmen, solche Märkte errichten.

Die Lebensmittel-Filialunternehmen des Bundesgebiets haben allein in den ersten 8 Monaten 1967 ihre Verkaufsfläche um 6 vH vergrößert[9]. Der Marktanteil dieser Unternehmen am gesamten Umsatz des Lebensmitteleinzelhandels wird für 1966 auf knapp 14 vH veranschlagt. Unter Filialunternehmen sind hier nur solche Firmen zu verstehen, die wenigstens 10 Filialen unterhalten.

Dagegen haben die Konsumgenossenschaften bis zu Beginn der 60er Jahre eine geringfügige Verminderung ihres Marktanteils hingenommen, indem sie unrentable Zweigniederlassungen schlossen. In jüngster Zeit sind diese Unternehmen jedoch besonders aktiv. Die GEG, die Großeinkaufsgesellschaft deutscher Konsumgenossenschaften, hat 1965 die 53 Filialen der Herbert Eklöh GmbH mit 140 Mill. DM Umsatz (1964) gekauft. Sie hat Anfang 1966 bei Kamen ein neues Versandzentrum für Gebrauchsgüter auf einer Fläche von 42 000 m^2 in Betrieb genommen. Seit längerem schon betreibt die GEG eine Reihe von Möbelhäusern. Neuerdings hat sie ferner Supermärkte und sog. Co-op-Märkte eröffnet oder bestehende Niederlassungen entsprechend ausgebaut. Sie folgt der neuzeitlichen Standortentwicklung auf dem Fuße. U. a. gehören die beiden Supermärkte im Main-Taunus-Zentrum der GEG bzw. der örtlichen Konsumgenossenschaft. Außerdem sollen Verbrauchermärkte errichtet werden.

Durch die Verschiebungen in der Bevölkerungsverteilung bei gleichzeitig zunehmender Differenzierung der Nachfrage und sich wandelnden Verbrauchs- und Einkaufsgewohnheiten haben sich nicht nur die Relationen zwischen Klein-, Mittel- und Großbetrieben in Einzelhandel und Handwerk geändert, sondern sind zugleich merkliche Verschiebungen im Standortgefüge eingetreten. In den Stadtzentren ist vor allem das Gewicht der großen Waren- und Kaufhäuser und ihrer Tochtergesellschaften (u. a. Kleinpreisgeschäfte), in den dichtbesiedelten Vororten vor allem die Bedeutung der Filialunternehmen des Lebensmitteleinzelhandels einschl. der Konsumgenossenschaften gewachsen. Die beiden letztgenannten haben sich ferner in neuen Wohngebieten niedergelassen und sich, ebenso wie die Warenhäuser, in den Shopping Centers die attraktivsten Standorte gesichert. Der selbständige Einzelhandel und das Konsumgüterhandwerk verlieren in allen Standortlagen gegenüber den Großbetrieben an Boden.

Selbst beim Absatz von Brot und Backwaren ist in jüngerer Zeit eine gewisse Verlagerung zu den großen Filialunternehmen des Lebensmitteleinzelhandels, zu den Supermärkten und den Lebensmittelabteilungen der Warenhäuser eingetreten. In den Frischfleischabsatz haben sich der Lebensmitteleinzelhandel

---

[9] Vgl. W. Osel, a.a.O.

und — durch Eröffnung von Verkaufsniederlassungen — die Fleischwarenindustrie eingeschaltet. Der Frischfleischverkauf breitet sich im gesamten Lebensmitteleinzelhandel aus; am höchsten ist der Anteil der Frischfleisch führenden Geschäfte jedoch bei den Selbstbedienungs-Filialbetrieben, und zwar vor allem bei den größeren (von 150 m^2 Verkaufsfläche an). Die großen Filialen (von 400 m^2 an) führen ausnahmslos Frischfleisch. Im Durchschnitt aller Selbstbedienungs-Filialen entfällt etwa ein Achtel des Gesamtumsatzes auf Frischfleisch.

Die Herrenschneider spüren die produktionstechnische Überlegenheit der Industrie. Zahlreiche Handwerksbetriebe werden aufgegeben, andere weichen — teils mit größerem, teils mit geringerem Erfolg — in den Handel mit Kleidungszubehör und (oder) Fertigkleidung, in die Reparatur oder in die Maßkonfektion aus.

Die Damenschneider werden von der Konkurrenz der Industrie nicht so sehr betroffen wie die Herrenschneider, da die ausgeprägte Differenzierung der Nachfrage der handwerklichen Fertigung entgegenkommt. Trotzdem werden auch hier zahlreiche Betriebe aufgegeben. Im übrigen können sich die Handwerksbetriebe vor allem auf dem Lande und in den Vororten der Städte oft nur durch recht bescheidene Preise im Wettbewerb behaupten.

Besser sind die Chancen des Handwerks und Fachhandels im Bereich des ausgesprochen gehobenen Bedarfs. Die Nachfrage nach hochwertigen Gütern persönlicher Prägung, nach feinen Gold- und Juwelierwaren und — vor allem in jüngerer Zeit — nach teurem Pelzwerk ist kräftig gestiegen. Für die Wohnungseinrichtung und für die Repräsentationsräume der Wirtschaftsunternehmen werden zunehmend Polstermöbel und Möbel, Bodenbeläge und Dekorationen gehobener und bester Qualität verlangt.

Mit dem Anteil der frei verfügbaren Einkommen der Konsumenten wird die Nachfrage nach individuellen Gütern weiter wachsen. Von allem die in den Zentren der größeren Städte ansässigen Spezialgeschäfte werden davon profitieren.

Allerdings werden auch Großbetriebe die hier ruhenden Chancen nutzen. Die großen Waren-, Kauf- und Versandhäuser werden ihre Sortimente an Gütern des gehobenen Bedarfs erweitern; schon heute umfaßt ihr Angebot die mittleren, z. T. auch die höheren Preisklassen. Es ist sicher, daß die wachsende Nachfrage der **breiten Käuferschichten** nach Artikeln des Sportbedarfs, nach Spielwaren, Pelzkleidung, Teppichen, Schmuck, Gold- und Silberwaren und dgl. in wachsendem Umfang von diesen Großunternehmen gedeckt wird. Der einzelwirtschaftliche Handel und das Handwerk können dieser Entwicklung nur durch die Flucht nach vorn begegnen, d. h. indem sich die Betriebe den Großunternehmen sowohl im Qualitäts- als auch im Preiswettbewerb stellen und ihr Angebot den heutigen Vorstellungen entsprechend neu formieren. Das adäquate Mittel dazu liegt allein in der Kooperation der Betriebe — bis zum Gemeinschaftswarenhaus. Der Zusammenschluß von Betrieben zum Zweck gemeinsamen Vertriebs, gemeinsamer Werbung u. a. Funktionen würde im übrigen helfen, das sich mit der Tendenz zum größeren Betrieb zwangsläufig weiter verschärfende Problem der Kapitalaufbringung zu lösen (vgl. hierzu auch die Ausführungen im nächsten Kapitel).

Neue Formen der Warendarbietung

Die Waren werden künftig in anderer Weise dargeboten als früher. Die Selbstbedienung und die Zahl der Großraumläden werden zunehmen. Zugleich ändern sich die Sortimente; teils tendiert man zur Sortimentserweiterung, teils zur Spezialisierung, also zur Beschränkung der Sortimente. Welche dieser Tendenzen auf lange Sicht stärker sein wird, ist kaum abzusehen, wenn man auch gegenwärtig stärker zur Erweiterung der Sortimente neigt.

Manche Verbraucher, und zwar vor allem Angehörige der gehobenen Einkommensgruppen, bevorzugen die große Auswahl, wie sie Spezialgeschäfte mit schmalem, aber tiefem Sortiment bieten. Hierzu zählen die Läden des Elektrofachs, die das Angebot auf Großgeräte oder auf Kleingeräte und gut verkäufliche Großgeräte beschränkt haben, ferner die Spezialbetriebe für Kücheneinrichtungen, Spezialläden für Phonoartikel, Textilgeschäfte, die sich an bestimmte Altersgruppen wenden usw.

Sortimentsverwischung und Branchenvermischung werden durch die Werbung begünstigt. Viele Verbraucher sind leicht für bestimmte Marken zu gewinnen; sie kaufen solche Waren oft im „nächsten Geschäft", und zwar besonders dann, wenn die Preise gebunden oder empfohlen sind. So erklärt es sich, daß beispielsweise die Lebensmittelläden zunehmend bestimmte Körperpflegemittel, Textilien, Schreibwaren und selbst Hausratartikel in ihr Sortiment aufnehmen, mitunter daneben auch Kataloge von Versandhäusern aufliegen haben. Andere Beispiele sind Textilgeschäfte mit Kosmetikabteilungen, Hausratgeschäfte mit Kleinmöbeln und schließlich Möbelhäuser, die Küchenmaschinen, Elektroartikel, Rundfunk- und Fernsehgeräte, kunstgewerbliche Artikel u. a. m. bis zum gesamten Einrichtungsbedarf führen. Buchläden nehmen Schallplatten und Rundfunkgeräte, Diktiergeräte und Büromöbel in das Sortiment auf. Den bestehenden Betrieben des Facheinzelhandels sind in dieser Hinsicht allerdings oft infolge Platzmangels Grenzen gesetzt. Bei den Neuerrichtungen ist der Zug zur Sortimentserweiterung deutlicher zu erkennen.

Im Einzelhandel bilden sich seit jüngstem mit den sog. Bedarfsbündeln: Alles für das Heim, für das Auto, für das Kind, für die „junge Dame", mit Bekleidung, Schuhen und Accessoirs für die Dame oder für den Herrn, neue Sortimente heraus. Beispiele dafür sind die Spezialausstattungs- und -einrichtungshäuser, ferner Spezialgeschäfte für Kinderkleidung, Kinderwagen, Kinderbücher, Spielzeug usf., für Auto- und Kraftradbedarf, Geschäfte für Sportkleidung, Sportgeräte und Reisevermittlung, Geschäfte, die Oberbekleidung, Unterwäsche, Schuhe, Hüte, Schirme, Modeschmuck u. a. Zubehör für Teenager führen usw.

Auch das Handwerk sollte diese Entwicklung nutzen, wenn es auch andere Kombinationen wird wählen müssen als der Einzelhandel. Der zunehmenden Neigung der Konsumenten zum Einkauf möglichst vieler Waren unter einem Dach z. B. kann man durch das Zusammenrücken von Betrieben — so etwa von Bäckereien und Fleischereien — entgegenkommen. Darüber hinaus sollten Gemeinschaftsläden für Brot und Backwaren, Fleisch und Wurstwaren bis zum vollen Lebensmittelsortiment errichtet werden. In einzelnen westdeutschen Großstädten bestehen bereits Geschäfte dieser Art.

Denkbar sind ferner Häuser für Herren- und Damenkleidung, Hüte, Textilien, Galanteriewaren, Schirme und sonstiges Zubehör, also Gemeinschaftsgründungen von Herren- und Damenschneidern, Modisten, Kürschnern, Feintäschnern, Schirmmachern u. ä. Zweigen, des weiteren Häuser des Einrichtungs- und Haushaltsbedarfs einschl. Elektro-, Rundfunk- und Phonoartikel, Häuser für die Körper- und Gesundheitspflege, solche für Dienstleistungen und Reparaturen verschiedener Art und nicht zuletzt Häuser des Kunsthandwerks. Man sollte auch überlegen, welche Kombinationen der angeführten Kategorien von Gemeinschaftshäusern möglich sind. An zentralen Orten sollte man dem Warenhaus vergleichbare Vertriebsformen schaffen — in einer dem Leistungsniveau des Handwerks gemäßen Form. Hier wie bei den begrenzten Sortimenten sind auch Verbindungen von Kaufleuten und Handwerkern denkbar, ja wünschenswert. Angesichts des wachsenden Bedarfs an Gütern spezieller Richtungen einerseits und an Kundendienstleistungen anderseits können solche Geschäfte eine große Anziehungskraft ausüben.

Vor allem im Lebensmittelsektor nimmt die Selbstbedienung zu. Bezeichnenderweise haben die Großunternehmen des Einzelhandels auf diesem Sektor größere Fortschritte gemacht als die Klein- und Mittelbetriebe. Schon Anfang 1966 entfielen bei den Filialbetrieben des Lebensmitteleinzelhandels einschl. der Lebensmittelabteilungen der Warenhäuser über 90 vH, beim sog. selbständigen Lebensmitteleinzelhandel dagegen noch nicht 60 vH des Gesamtumsatzes auf die Selbstbedienungsläden. Auch in anderen Bereichen, z. B. bei Körperpflegemitteln, Zeitschriften und Büchern, dringt die Selbstbedienung vor.

Investitionen je m^2 Verkaufs- und Betriebsfläche

Nach Angaben des Ifo-Instituts[10] hat der Einzelhandel 1963 und 1964 je 2,5 Mrd. DM und 1965 2,9 Mrd. DM investiert. Vom Gesamtaufwand des Jahres 1965 entfielen 800 Mill. DM auf die Gruppe Nahrungs- und Genußmittel, 700 Mill. DM auf die Betriebe mit gemischtem Sortiment einschl. Warenhäuser und Versandhandel, 500 Mill. DM auf den Bekleidungs-, Wäsche- und Schuh-Einzelhandel und 300 Mill. DM auf den Einzelhandel mit Hausrat und Wohnbedarf. Die übrigen Bereiche des Einzelhandels waren mit insg. 600 Mill. DM beteiligt.

---

[10] Vgl. „Ifo-Schnelldienst", München, Jg. 1966, Nr. 24, S. 18 ff.

Der Investitionsquote nach (Investitionen in vH des Umsatzes) war mit 3,6 vH der Einzelhandel mit gemischtem Sortiment am aktivsten, gefolgt von Hausrat und Wohnbedarf (2,5 vH) und Bekleidung, Wäsche und Schuhe (2,2 vH). Am niedrigsten war mit 1,7 vH die Quote bei den sonstigen Waren.

Die relativ starke Investitionstätigkeit des Einzelhandels mit gemischtem Sortiment, insbesondere der Waren- und Versandhäuser, ist Ausdruck eines Expansionsstrebens, das auf die Wechselwirkung zwischen der Erweiterung der Verkaufsflächen und der − überdurchschnittlichen − Umsatzsteigerung der Unternehmen zurückgeht.

Die Ermittlung der Verkaufsflächen für die verschiedenen Branchen des Einzelhandels ermöglicht es, die Investitionstätigkeit zu einer adäquaten Größe, nämlich zum m² Verkaufsfläche, in Beziehung zu setzen.

Investitionen des Einzelhandels 1965 und 1975a

Einzelhandelsgruppe	Umsatzzuwachs 1975 gegenüber 1965	Investitionen absolut		Investitionsintensität (Investitionen je m² Verkaufsfläche)	
		1965	1975a	1965	1975a
	in vH	Mill. DM		in DM	
Gemischtes Sortiment ...	+ 65	700	1 150	310	340
Nahrungs- und Genußmittel	+ 25	800	1 000	80	90
Bekleidung, Wäsche und Schuhe	+ 25	500	620	65	70
Hausrat und Wohnbedarf	+ 40	300	420	40	45
Sonstige Waren	+ 30	600	780	.	.
Einzelhandel insgesamt ..	+ 37	2 900	3 970	95	115

Quelle: Ifo-Schnelldienst, Jg. 1966, Nr. 24 für Investitionen 1965. − Eigene Berechnungen und Schätzungen. − a In Preisen von 1965. − Differenzen durch Runden der Zahlen.

Entsprechend wird die Investitionsintensität des Handwerks an den Betriebsflächen gemessen. Hier wie beim Einzelhandel werden die Investitionen somit unmittelbar auf d i e Größen bezogen, deren Erhaltung oder Ausdehnung sie dienen.

Investitionen des Handwerks 1965 und 1975a

Bedarfsgruppe	Investitionen absolut		Veränderung in vH	Investitionen je m² Betriebsfläche	
	1965	1975a		1965	1975a
	Mill. DM			in DM	
Bau und Ausbau	1 800	2 070	+ 15	59	66
Gebäudeausstattung und -einrichtung	1 320	1 720	+ 30	28	32
Technische Investitions- und Gebrauchsgüter	1 210	1 910	+ 58	26	35
Bekleidung	90	100	+ 13	15	18
Nahrungsmittel	1 070	1 240	+ 16	71	81
Gehobene Verbrauchsgüter	130	210	+ 61	45	72
Körperpflege, Reinigung..	180	250	+ 39	31	33
Handwerk insgesamt	5 800	7 500	+ 29	38	44

Quelle: Eigene Berechnungen und Schätzungen aufgrund der amtlichen Statistik (Handwerkszählung 1963) und von Sekundär-Statistiken der handwerklichen Organisationen. – a In Preisen von 1965. – Differenzen durch Runden der Zahlen.

Das Investitionsvolumen des Einzelhandels und Handwerks im Jahre 1975 haben wir im wesentlichen aus der geschätzten Umsatzentwicklung abgeleitet; diese ist langfristig betrachtet die wichtigste Determinante der Investitionsentscheidungen[11].

Die Investitionen einer Branche oder eines Wirtschaftszweiges haben zum Gegenstand

a) entweder die Ausweitung der Verkaufs- und Geschäftsflächen durch Errichtung neuer Betriebe oder durch Um- und Ausbauten

b) oder die Rationalisierung der Betriebe ohne Erweiterung der Flächen. Hier ist eine bessere Vertriebs- oder (und) Verwaltungsorganisation zum Zwecke erhöhter Unternehmer- und Personalleistung das Ziel, was in der Regel eine mehr oder weniger vollständige Neuausrüstung der Betriebe erforderlich macht.

---

[11] Kurzfristig werden die Investitionsentscheidungen wohl ebensosehr von den Absatzerwartungen, von der spezifischen Wettbewerbslage u. a. Faktoren bestimmt wie von der Umsatzentwicklung; die erstgenannten Faktoren sind aber im Rahmen einer langfristigen Prognose noch weniger zu quantifizieren als in einer statischen Betrachtung. – Größere Abweichungen in der Investitionsschätzung für 1975 (von der Umsatzentwicklung) haben wir für die Gruppen Nahrungsmittel und Bekleidung angenommen, und zwar zugunsten der erstgenannten.

Es wäre also falsch, die Investitionsaufwendungen allein aus dem Zuwachs an Geschäftsfläche abzuleiten. Nach unseren Annahmen werden z. B. die Investitionen des Einzelhandels 1975 zu konstanten Preisen um 35 bis 40 vH höher sein als 1965, die Verkaufsfläche und die Geschäftsfläche insgesamt dagegen nur um 13 vH. Vor allem in zentralen Geschäftslagen ansässige Betriebe, die etwa mögliche Um- und Ausbauten bereits vorgenommen haben, können ihren Absatz kaum noch durch Erweiterungen, sondern im wesentlichen nur durch Rationalisierungsmaßnahmen erhöhen.

Wie die folgende Übersicht zeigt, ist der Aufwand je m² Verkaufsfläche von Branche zu Branche unterschiedlich.

Einrichtungskosten je m² Verkaufsfläche Mitte der 60er Jahre

Einzelhandelsbranche Konsumgüterhandwerk	Einrichtung		
	einfach		hochwertig
	DM		
Einzelhandel mit			
Möbeln und anderen Einrichtungsgegenständen	80	bis	150
Elektrogeräten	200	bis	400
Textilien versch. Art	220	bis	350
Fotoartikeln	400	bis	600
Nahrungsmitteln	500	bis	700
Kürschnerwaren[1]	500	bis	800
Uhren, Schmuck[1]	600	bis	1 600
Bäckereien	600	bis	800
Fleischereien	700	bis	1 000
Konditoreien	800	bis	1 000

Quelle: Betriebswirtschaftliche Beratungsstelle für den Einzelhandel und eigene Umfragen. — [1] Angaben gelten auch für die einschlägigen Handwerksbetriebe.

Unter den Investitionen des Einzelhandels nehmen die Bauten den ersten Platz ein, deren Kosten indes schwierig zu ermitteln sind, zumal die Aufwendungen in den einzelnen Branchen selbst bei gleichem Standort stark voneinander abweichen. Im Sortimentsbuchhandel beispielsweise kommt man je m² Verkaufsfläche mit 300 bis 500 DM aus, im Einzelhandel mit Spielwaren, Sportgeräten, Campingartikeln und dgl. mehr benötigt man 500 bis 700 DM, im Einzelhandel mit Rundfunk-, Fernsehgeräten und Phonoartikeln 600 bis 800 DM und im Einzelhandel mit Sämereien, Blumen, zoologischen Artikeln usw. 900 bis 1000 DM. Es wäre falsch, diese Differenzierung aus dem Sortiment der einzelnen Branchen allein abzuleiten; vielmehr ergibt sie sich ebenso sehr aus den branchenüblichen Gepflogenheiten hinsichtlich Bauweise, Art und Qualität der Baumaterialien und der Ausstattung (Heizung, Klimaanlage, Schaufenstergestaltung und -schutz u. a. m.). Beträchtlich weichen auch die Einrichtungskosten der einzelnen Branchen voneinander ab. Die Skala zeigt fast die gleichen Abstufungen wie diejenige des Absatzes je m² Verkaufsfläche. Im weiträumigen Möbelgeschäft, wo die ausgestellten Gegenstände bei geschickter Anordnung zugleich ein Teil der Einrichtung sind, betragen die Kosten je m² Verkaufsfläche bei einem durchschnittlichen Absatz von 1620 DM (1965) 80 bis 150 DM. Bei Textilien sind es bei einem Absatz von etwa 3100 DM 220 bis 350 DM je m² Verkaufsfläche und bei Elektrogeräten, Hausrat, Glas und Keramik bei 4400 DM 200 bis 400 DM je m²; für den Nahrungs- und Genußmitteleinzelhandel mit seinem großen Bedarf an Kühl- und anderen Hygieneeinrichtungen lauten die Vergleichszahlen je m² 6170 DM (Absatz) und 500 bis 700 DM (Einrichtungskosten), für den Fotoeinzelhandel 7650 DM : 400 bis 600 DM und für den Uhren- und Schmuckeinzelhandel 8750 DM : 600 bis 1600 DM. Im Nahrungsmittelhandwerk gehen die Erfordernisse nicht zuletzt infolge der verschärften Hygienevorschriften für Frischwaren über die des Lebensmitteleinzelhandels hinaus; in der Konditorei und in der Fleischerei benötigt man bei gehobenem Angebot an Einrichtungen 900 bis 1000 DM je m² Verkaufsfläche.

C. Fläche und Flächenbedarf der Handwerksbetriebe

Die Umsätze und Verkaufsflächen der Konsumgüterhandwerke sind zusammen mit denen des institutionellen Einzelhandels in Tabelle 2 ausgewiesen. Tabelle 7 enthält die durchschnittlichen Flächen je Betrieb 1966/67 und 1975, und zwar nicht nur im Konsumgüterbereich, sondern auch im Bauhandwerk und in einer Reihe sonstiger Investitionsgüterhandwerke[1]. Damit ist dem Bedarf der Bevölkerung in neuen (und alten) Wohngebieten an Reparatur-, Installations- und technischen Pflegedienstleistungen — statistisch — Genüge getan. Ein größeres Siedlungsgebiet benötigt ferner bestimmte produzierende Betriebe, z. B. Tischler, Schlosser und Maurer[1]. Einzelne Zweige, z. B. die Maler, Elektroinstallateure u. ä., können mit den Betrieben des Konsumgütergewerbes in den Wohngebieten untergebracht werden, da sie „nicht stören". Dagegen wird man störende Betriebe in Gewerbegebieten ansetzen müssen.

Für alle diese Handwerkszweige haben wir, auch soweit die Betriebe normalerweise mit Ladengeschäften verbunden sind, die durchschnittliche Beschäftigtenzahl je Betrieb und — auf diese projiziert — die benötigte Betriebsfläche ausgewiesen. Während die durchschnittlichen Betriebsflächen des Handwerks für 1965 aufgrund vorliegender Unterlagen festgestellt werden konnten[2] oder durch Umfragen bei den einschlägigen Fachverbänden ermittelt wurden, mußten wir sie für 1975 schätzen. Zum Teil haben wir hier die jeweilige Betriebsfläche 1965 aufgrund der prognostizierten Umsatzentwicklung sowie des Rationalisierungsfaktors (Verwendung zusätzlicher Maschinen, bessere Arbeitsorganisation, Übergang zu neuen Produktions- und Absatzmethoden usw.) für 1975 hochgerechnet, und zwar sowohl die voraussichtlich vorhandenen Werte als auch die Sollwerte (Bedarf einschl. Reserveflächen). Dabei war auch die Veränderung des Betriebsbestandes in den einzelnen Zweigen zu berücksichtigen. Neue Betriebe sind in den meisten Fällen kleiner als die bereits längere Zeit bestehenden und leisten daher im allgemeinen weniger. Den Zuwachs an Betrieben (vor allem in den technischen Handwerkszweigen) haben wir daher mit einer um 30 bis 50 vH geringeren Kapazität angesetzt als die

---

[1] Die Grundlagen der Projektion für diese Bereiche sind in den beiden folgenden Abschnitten enthalten: „Bau- und Ausbaugewerbe" und „Die Verkehrshandwerke".

[2] Vgl. Institut für Handwerkswirtschaft e. V., München, Betriebsflächen einzelner Handwerkszweige (IHW-Berichte Nr. 3), Juli 1966, ferner Rationalisierungsgemeinschaft Handwerk Schleswig-Holstein e. V., Der Ansatz von handwerklichen Versorgungsbetrieben in neuen Wohngebieten, Kiel 1963.

Tabelle 7: Flächen je Betrieb in ausgewählten Handwerkszweigen 1966/67 und 1975 in m² (Bundesgebiet)

Handwerkszweig	1966/67 Effektive Werte m²	1975 Geschätzte Effektivwerte m²	1975 Sollwerte (einschl. Reserveflächen[1]) m²	Bemerkungen
Bäcker (6–10 Beschäftigte)	150	190	220	einschl. Ladenraum
Konditoren (8–12 Beschäftigte)	200	210	250	einschl. Laden- und Caféräume
Fleischer (6–10 Beschäftigte)	150	180	210	einschl. Ladenraum
Herrenschneider (6–8 Beschäftigte)	80	90	100	einschl. Ladenraum
Damenschneider (4–6 Beschäftigte)	75	90	100	–
Kürschner (6–8 Beschäftigte)	100	110	130	einschl. Ladenraum
Modisten (4–6 Beschäftigte)	80	90	100	einschl. Ladenraum
Schuhmacher (2–3 Beschäftigte)	60	70	80	einschl. Bedienungsraum
Raumausstatter	120	130	150	einschl. Ladenraum
Elektroinstallateure (8–10 Beschäftigte)	120	120	140	
Radio- und Fernsehtechniker (6–8 Beschäftigte)	150	200	240	einschl. Ladenraum
Büromaschinenmechaniker (5–6 Beschäftigte)	120	130	150	Laden für Verkauf von Kleinmaschinen, Papier- und Schreibwaren
Zweiradmechaniker (4–6 Beschäftigte)	180	200	230	einschl. Ladenraum
Buchbinder (5–6 Beschäftigte)	130	130	150	einschl. Ladenraum
Uhrmacher, Goldschmiede (4–6 Beschäftigte)	120	120	140	einschl. Ladenraum
Fotografen (5–6 Beschäftigte)	120	120	140	einschl. Ladenraum
Augenoptiker (4–5 Beschäftigte)	100	110	120	einschl. Ladenraum
Friseure (6–8 Beschäftigte)	80	110	130	einschl. Ladenraum
Wäscher und Plätter (12–15 Beschäftigte)	200	200	200	einschl. Annahmestelle
Chemischreiniger (25–30 Beschäftigte)	200	200	200	einschl. Annahmestelle
Maler (6–8 Beschäftigte)	120	130	150	–
Gas- und Wasserinstallateure (8–10 Beschäftigte)	150	170	200	–
Zentralheizungs- und Lüftungsbauer (12–15 Beschäftigte)	250	270	320	–
Bau- und Möbeltischler (6–8 Beschäftigte)	600 [a]	700	800	Große Freifläche erforderlich
Hoch- und Tiefbaugewerbe (20–25 Beschäftigte)	800	900	1 000	Große Freifläche erforderlich
Schlosser und Maschinenbauer (10–12 Beschäftigte)	500	500	600	Große Freifläche erforderlich
Landtechn. Handwerk (8–10 Beschäftigte)	1 500 [b]	2 000 [b]	2 500 [b]	Große Freifläche erforderlich
Kraftfahrzeugmechaniker (15–20 Beschäftigte)	800 [c]	900 [c]	1 000 [c]	Große Freifläche erforderlich
Karosseriebauer (12–15 Beschäftigte)	700	800	900	Große Freifläche erforderlich
Vulkaniseure (10–12 Beschäftigte)	800	1 200	1 500	Große Freifläche erforderlich

Quelle: Institut für Handwerkswirtschaft e. V., München. – Rationalisierungsgemeinschaft Schleswig-Holstein e. V., Kiel. – Eigene Berechnungen und Schätzungen. – Fläche immer einschl. Nebenräume (Aufenthaltsräume, Umkleide- und Sozialräume, wo notwendig auch Garage, Büro, Lager und Freifläche). – [1] Mindestreservefläche von 10 bis 25 vH für künftiges Betriebswachstum. – a Davon 350 bis 400 m² Werkstatt-Raum und 200 bis 250 m² Freifläche. – b Davon je etwa die Hälfte als überdachte und als Freifläche (gilt für Landmaschinenmechaniker und auf die moderne Landtechnik ausgerichtete Schmiedebetriebe). – c Einschl. Tankstellenbedarf von 100 bis 150 m².

Kapazität der schon länger bestehenden Betriebe. Anderseits erhöht sich bei einer Verringerung des Betriebsbestandes die durchschnittliche Größe und Kapazität der (übrig bleibenden) Betriebe, da ganz überwiegend kleine, wenig leistungsfähige Betriebe geschlossen werden. Zunahme und Rückgang des Betriebsbestandes sind indes nur bei stärkerer Bewegung (wenigstens ±10 vH) berücksichtigt worden.

Tabelle 8: **Durchschnittliche Betriebs- und Verkaufsflächen in ausgewählten Handwerkszweigen**[1] **1966 und 1975 in m² (Bundesgebiet)**

Zweig	1966/67		1975	
	Betriebs-flächen insg. m²	darunter Verkaufs-flächen m²	Betriebs-flächen insg.[a] m²	darunter Verkaufs-flächen[a] m²
Bäcker (6—10 Beschäftigte)	150	30	220	35
Konditoren (8—12 Beschäftigte)	200	30	250	35
Fleischer (6—10 Beschäftigte)	150	30	210	35
Herrenschneider (6—8 Beschäftigte)	80	25	100	30
Damenschneider (4—6 Beschäftigte)	75	25	100	30
Kürschner (6—8 Beschäftigte)	100	25	130	40
Modisten (4—6 Beschäftigte)	80	25	100	40
Schuhmacher (2—3 Beschäftigte)	60	30	80	50
Raumausstatter (4—5 Beschäftigte)	120	30	150	40
Elektroinstallateure (8—10 Beschäftigte)	120	30	140	40
Radio- und Fernsehtechniker (6—8 Beschäftigte)	150	80	240	90
Maler (6—8 Beschäftigte)	120	35	150	50
Büromaschinenmechaniker (5—6 Beschäftigte)	120	30	150	50
Zweiradmechaniker (4—6 Beschäftigte)	180	70	230	100
Buchbinder (5—6 Beschäftigte)	130	35	150	45
Uhrmacher, Goldschmiede (4—6 Beschäftigte)	120	25	140	30
Fotografen (5—6 Beschäftigte)	120	25	140	30
Augenoptiker (4—5 Beschäftigte)	100	35	120	45
Friseure (6—8 Beschäftigte)	80	15	130	30
Kfz-Mechaniker (15—20 Beschäftigte)	800	100	1 000	125
Vulkaniseure (10—12 Beschäftigte)	800	50	1 500	70
Landtechn. Handwerk[2] (5—10 Beschäftigte)	1 500	80	2 500	100

Quelle: Institut für Handwerkswirtschaft e. V., München. — Rationalisierungsgemeinschaft Schleswig-Holstein e. V., Kiel. — Eigene Berechnungen und Schätzungen. — [1] Nur Handwerkszweige mit wesentlichen Handelsumsätzen. — [a] Sollwerte einschl. Reservefläche von 10 bis 25 vH. — [2] Landmaschinenmechaniker und auf die moderne Landtechnik ausgerichtete Schmiedebetriebe.

Diese Berechnungen stimmen aber nur dort, wo die bestehenden Betriebsflächen voll ausgenutzt sind, erhöhte Nachfrage also eine Vergrößerung der Betriebsfläche erforderlich macht. Das ist jedoch nicht überall der Fall. Insbesondere im Bekleidungsgewerbe, bei den Zweigen des gehobenen persönlichen Bedarfs (Uhrmacher, Goldschmiede, Kürschner), aber auch bei verschiedenen technischen Zweigen (Landmaschinenmechaniker, Büromaschi-

Tabelle 9: Spezialhandwerke in Siedlungen von ... Einwohnern Mitte der 60er Jahre (Bundesgebiet)

Handwerkszweig	10 000 Einwohner		50 000 Einwohner		100 000 Einwohner	
	Zahl der Betriebe	Beschäftigte je Betrieb	Zahl der Betriebe	Beschäftigte je Betrieb	Zahl der Betriebe	Beschäftigte je Betrieb
Zimmerer	1	7	3	10	5	12
Dachdecker	1	7	4	10	7	12
Straßenbauer	—	—	2	40	3	50
Wärme-, Kälte-, Schallschutzbauer	—	—	—	—	1	10
Mosaik-, Platten- und Fliesenleger	1	7	2	15	4	17
Steinmetze und Steinbildhauer	1	2	2	4	4	4
Stukkateure	1	10	3	15	6	15
Glaser	—	—	1	6	2	6
Schornsteinfeger	1	2	3	3	5	4
Nähmaschinenmechaniker	—	—	—	—	1	2—3
Lackierer	—	—	1	6	2	6
Kraftfahrzeugelektriker	—	—	1	10	2	10
Kühlerherstellung und -reparatur	—	—	—	—	1	3
Messerschmiede	—	—	—	—	1	2
Goldschmiede	—	—	2	4	4	4
Sattler und Polsterer (einschl. Autosattler)	1	2	3	2	5	3
Wäscheschneider und Korsettmacher	—	—	1	4	2	4
Sticker	—	—	—	—	1	4
Zahntechniker	—	—	2	4	3	5
Graphische Handwerke	—	—	2	5	4	5
Klavier- und Harmoniumbauer (einschl. sonst. Instrumentenbauer)	—	—	—	—	1	3
Schilder- und Lichtreklamehersteller	—	—	1	3	2	4
Gebäudereiniger	—	—	2	25	3	100

Eigene Berechnungen und Schätzungen.

nen- und Zweiradmechaniker, Radio- und Fernsehtechniker) werden wachsende Anforderungen an die Betriebe im allgemeinen ohne Vergrößerung der Betriebsflächen aufgefangen werden können. In solchen Fällen sind nur mehr Beschäftigte und — in begrenztem Umfang — zusätzliche technische Hilfsmittel erforderlich, so daß sich insoweit die geschilderten komplizierten Berechnungen erübrigen. Den Trend zum größeren Betrieb haben wir durch die Schwellenwerte (. . . . bis . . . . Beschäftigte je Betrieb) berücksichtigt, ohne daß damit Anfangs- und Endwerte angegeben werden sollen.

Manche Handwerkszweige werden nur in räumlich abgelegenen, sog. nichtintegrierten Siedlungen von größerem Umfang benötigt. Hierfür haben wir eine besondere Tabelle (Nr. 9) angelegt, in der nach dem sog. Richtzahlverfahren die jeweils benötigte Zahl der Betriebe und ihre Durchschnittsgröße in Siedlungen von 10 000, 50 000 und 100 000 Einwohnern angegeben sind. Da sich hier im allgemeinen um Spezialhandwerke handelt, genügen diese Angaben[3].

Für die Lieferanten der Landwirtschaft und der Industrie, also für die landtechnischen Betriebe, für die Maschinenbauer, Werkzeugmacher, Feinmechaniker usw., legen wir der Veränderung des Umsatzes und der Betriebsflächen die prognostizierte Entwicklung des Bruttosozialprodukts, d. h. für die Zeit von 1965 bis 1975 eine Zuwachsrate von 41 vH, zugrunde. Hier hält sich die Tendenz also nach unserer Annahme im Rahmen der Gesamtentwicklung. In anderen Bereichen des Handwerks dagegen, im Bau- und Ausbaugewerbe und im Verkehrshandwerk, zeichnen sich Sonderentwicklungen ab, denen wir im folgenden nachgehen.

Bau- und Ausbaugewerbe

Betriebe des Bauhauptgewerbes, also Hoch- und Tiefbau-, Dachdecker-, Zimmer-, Stukkateurbetriebe usw., werden nur in großen Siedlungen mit weitgehender Selbstversorgung auch im Investitionsbereich benötigt. Hier sollten die Betriebe dann möglichst an den Bauvorhaben im Siedlungsgebiet beteiligt werden.

In Städten und größeren Ortschaften angegliederten neuen Siedlungen werden die Bauvorhaben in der Regel von „auswärtigen" Betrieben ausgeführt. Dies gilt sowohl für Hochbauten als auch für Straßen- und sonstige Tiefbauten.

Im Bauhauptgewerbe bestehen Überkapazitäten, die sich möglicherweise noch verstärken werden, da der Wohnungsbau nachlassen wird. Diese Einbußen werden zwar aller Voraussicht nach allmählich durch einen Anstieg in den übrigen Hochbausparten wettgemacht werden; hier überwiegen aber die größeren, technisch und betriebswirtschaftlich gut organisierten Betriebe. Auch

---

[3] Ein Teil der in Tabelle 9 genannten Handwerkszweige ist mit ihren Verkaufsflächen bereits in Tabelle 2 (Absatz in Ladengeschäften . . .) enthalten. Das sind Nähmaschinenmechaniker, Messerschmiede, Goldschmiede, Sattler und Polsterer, Wäscheschneider und Korsettmacher, Klavier- und Harmoniumbauer.

dringt der Fertigbau nach und nach vor, der im ganzen größere Rationalisierungsreserven aufweist als die herkömmlichen Bauweisen.

Man sollte daher bei der Planung von Hochbau-, Zimmer-, Dachdecker-, Stukkateurbetrieben usw. für neue Wohngebiete besonders vorsichtig sein, und zwar auch unter Berücksichtigung der Tatsache, daß die Ansprüche an den Umfang und die Ausstattung der Wohn-, Betriebs-, Geschäfts-, Büro- und Verwaltungsgebäude ständig steigen und im Wohnungsbau der Anteil der Einfamilienhäuser mit ihrer relativ hohen Arbeitsintensität zunimmt.

Die Aussichten der Ausbau- und Installationshandwerke, der Maler, Platten- und Fliesenleger, Elektro-, Gas- und Wasserinstallateure, Zentralheizungs- und Lüftungsbauer, sind wesentlich günstiger als diejenigen des Bauhauptgewerbes. Diesen Zweigen kommen zugute:

> die (erwähnten) erhöhten Ansprüche an die Ausstattung der Wohnungen, Büro- und Geschäftsbauten, zumal diese in immer kürzeren Zeitabständen Erneuerungsarbeiten erforderlich machen,
>
> der anhaltende Trend zum Einfamilienhaus mit seinem umfangreichen Bedarf an teuren Ausstattungen und Einrichtungen: 1955 befanden sich von den in diesem Jahr fertiggestellten Wohnungen in Neubauten schätzungsweise 45 vH in Ein- und Zweifamilienhäusern. 1965 waren es 261 000 oder 49 vH von rund 535 500 Wohnungen in Neubauten. Nach einer Schätzung der Gesellschaft für Konsum- und Absatzforschung in Nürnberg[4] wird sich der Bestand an Einfamilienhäusern (einschl. derjenigen mit einer Einliegerwohnung) bei sonst rückläufiger Wohnungsbautätigkeit allein von 1964 bis 1970 um ein Fünftel vergrößern.

Auch die Betriebe der Ausbau- und Installationshandwerke sollte man am Aufbau des Wohngebietes beteiligen, in dem sie später ansässig sein werden. Schon in dieser Zeit sollten sie sich aber auch um Aufträge außerhalb desselben bemühen, da sie früher oder später auf einen größeren Markt angewiesen sind. Diese Forderung gilt um so mehr, als sich gerade die Althausbesitzer im Zuge der allmählichen Liberalisierung der Wohnungswirtschaft zunehmend um die Verbesserung des Wohnniveaus bemühen werden. Hier ist ferner die Stadt- und Dorfsanierung zu nennen, die viele Milliarden DM kosten wird. Von den knapp 20 Millionen Wohnungen des Bundesgebietes sollen nach einer repräsentativen Erhebung von 1964/65 eine Million abbruchreif und weitere 7 Millionen sanierungs- oder doch wenigstens verbesserungs- und modernisierungsbedürftig sein. Immer noch hat die Hälfte der Wohnungen in der Bundesrepublik kein Bad und reichlich ein Viertel kein WC.

Die Einrichtungshandwerke (Möbeltischler- und Innenausbaubetriebe, Raumausstatter usw.) sollten nicht ganz so optimistisch sein wie die Ausbau- und Installationshandwerke; denn wenn sich die Zahl der jährlich fertiggestellten

---

[4] Vgl. F. W. Fickel, Integrierte und nichtintegrierte Einkaufszentren — Entwicklungen aus absatzwirtschaftlicher Sicht, in: Einkaufszentren in Form von integrierten oder selbständigen Siedlungsgebieten. (Haus der Technik — Vortragsveröffentlichungen, H. 76), Essen 1966, S. 7.

Wohnungen verringert, wird notwendigerweise auch die Nachfrage nach Möbeln, Polstermöbeln, Teppichen, Dekorationen, Haus- und Küchengeräten, Elektroartikeln, Beleuchtungskörpern und dgl. mehr betroffen. Der Wohnungsbau strahlt auf zahlreiche Gewerbezweige aus.

In der Bundesrepublik wird der Wohnungsbau nach allgemeiner Annahme von reichlich 600 000 fertiggestellten Wohnungen in den letzten Jahren allmählich auf 350 000 bis 400 000 jährlich zurückgehen. Wir gehen bei unseren Berechnungen von dem Durchschnitt dieser beiden Zahlen aus, also von 375 000 Fertigstellungen, und zwar auch für das Zieljahr dieser Projektion — 1975.

Dem Rückgang der Fertigstellungen stehen Tendenzen gegenüber, die sich positiv auf das Bauvolumen auswirken werden: Die Wohnungsgröße wird zunehmen. Auch die Ausstattung der Wohnungen wird weiter verbessert werden. Schließlich wird das Reparaturvolumen wachsen. Für den Nichtwohnungsbau, also für den öffentlichen Hochbau und den Verkehrsbau, für den Industrie- und Gewerbebau und für den landwirtschaftlichen Bau, wird für die Zeit von 1965 bis 1975 eine jährliche Zunahme von 3,5 vH veranschlagt — entsprechend dem angenommenen Wachstum des Bruttosozialprodukts in dieser Zeit.
Damit ergeben sich folgende Schätzwerte:

> Die Zahl der fertiggestellten Wohnungen wird Mitte der 70er Jahre mit 375 000 um 38 vH geringer sein als Mitte der 60er Jahre mit durchschnittlich 607 000. Dem entspricht — in Preisen von 1965 — ein Neubauvolumen von 18,6 Mrd. DM.

> Durch die Vergrößerung der fertiggestellten Wohnungen — um schätzungsweise jährlich 1 vH — erhöht sich dieses Volumen von 1965 bis 1975 auf 20,5 Mrd. DM.

> Infolge der besseren Ausstattung der Wohnungen — dem realen Bauaufwand nach jährlich um schätzungsweise 2,5 vH — steigt das Volumen um weitere 28 vH auf 26,2 Mrd. DM.

> Der wachsende Anteil der Reparaturen am gesamten Wohnungsbauvolumen — nach unseren Erwartungen von 7,5 vH im Jahre 1965 auf 13 vH im Jahre 1975 — bedeutet eine weitere Steigerung des Wohnungsbauvolumens bis zum Jahre 1975, und zwar auf 94 vH des Standes von 1965 oder auf 30,2 Mrd. DM.

> Der Nichtwohnungsbau steigt jährlich bei 3,5 vH von 1965 bis 1975 um 41 vH, also in Preisen von 1965 von 25,7 Mrd. DM auf reichlich 36 Mrd. DM.

Die Zunahme der Wohnungsgrößen wird sowohl dem Bauhauptgewerbe als auch dem Ausbau- und Installationsgewerbe zugute kommen, die Verbesserung der Ausstattung dagegen in der Hauptsache dem letzteren. Auch von dem absoluten und relativen Anstieg des Reparaturvolumens profitieren in erster Linie die Ausbau- und Installationsgewerbe. Dagegen wird sich der angenommene Zuwachs im Nichtwohnungs-Hochbau auf alle Sparten des Baugewerbes etwa gleichmäßig auswirken.

Nach unseren Berechnungen werden von 1965 bis 1975 zunehmen — jeweils in Preisen von 1965 —:

der Umsatz des Bauhauptgewerbes im H o c h b a u um 8 vH und der Umsatz des Ausbau- und Installationsgewerbes um 25 vH.

Der Umsatz des Bauhauptgewerbes i m g a n z e n wird sich allerdings stärker erhöhen als um 8 vH, da bei dieser Berechnung die Entwicklung im Straßen- und sonstigen Tiefbau nicht berücksichtigt ist. Man wird hier — wie beim Nichtwohnungs-Hochbau — zumindest den gleichen Zuwachs wie beim Bruttosozialprodukt, d. h. eine Zunahme von etwa 40 vH erwarten können. Damit ist der Umsatzanstieg des gesamten Bauhauptgewerbes für das Jahrzehnt von 1965 bis 1975 auf rd. 20 vH zu veranschlagen. Der Zuwachs des handwerklichen Bauhauptgewerbes wird allerdings möglicherweise etwas geringer sein, da die Betriebe hier ungleich stärker im — zurückgehenden — Wohnungsbau engagiert sind als diejenigen der Bauindustrie[5]. Obwohl sich das Bauhandwerk mit Erfolg um eine stärkere Beteiligung am Nichtwohnungs-Hochbau sowie am Straßen- und sonstigen Tiefbau bemüht, haben wir seine Zuwachsrate für das Jahrzehnt von 1965 bis 1975 mit 15 vH, also um ein Viertel niedriger angesetzt als diejenige des gesamten Bauhauptgewerbes.

Die Verkehrshandwerke

Auf dem Fahrzeugmarkt sind die Aussichten des Handels- und des Handwerksbereichs unterschiedlich. Kraftwagen- und Zubehörhandel können nach unseren Erwartungen mit relativ hohen Zuwachsraten rechnen, während wir für die Handwerksumsätze infolge der Vervollkommnung der Fahrzeuge und der Streckung der Intervalle zwischen den Inspektionen eine wesentlich geringere Steigerung annehmen.

Zur voraussichtlichen Entwicklung des Kraftfahrzeugmarktes liegen eigene Berechnungen sowie Projektionen anderer Stellen[6] vor, die alles in allem nur unwesentlich voneinander abweichen. Danach wird für 1975 in der Bundesrepublik Deutschland ein Personenkraftwagen- und Kombiwagenbestand von 16 bis 17 Millionen erwartet. Wir legen unseren Berechnungen 16 Millionen Personenkraftwagen[7] zugrunde, womit sich die Zahl von Mitte 1967 (rd. 11 Mill.) um knapp die Hälfte erhöht haben würde. Mit 16 Mill. Personenwagen würde 1975 — bei einer unterstellten Bevölkerung von 61,6 Mill. (Bundesgebiet einschl. Saarland und Berlin-West) — auf knapp 4 Einwohner 1 Personenkraftwagen entfallen gegenüber reichlich 5 Einwohner je Fahrzeug Mitte 1967. Man rechnet für die Bundesrepublik mit einer endgültigen Motorisierungs-

---

[5] Das handwerkliche Bauhauptgewerbe war in den letzten Jahren mit 85 bis 90 vH am Wohnungsbau und mit 48 bis 50 vH am sonstigen Hochbau beteiligt.
[6] U. a. Verband der Automobilindustrie, Tätigkeitsberichte 1964/65 (S. 1 ff.) und 1966/67 (S. 1), Frankfurt/Main, 1965 und 1967. — Deutsche Shell Aktiengesellschaft, Die Entwicklung der Motorisierung in der Bundesrepublik und in den einzelnen Bundesländern sowie Westberlin bis 1985. Als Manuskript gedruckt, Frankfurt/Main 1967.
[7] Hier und im folgenden PKW-Bestand immer einschl. Kombiwagen.

kennziffer von etwa 3 in der Zeit nach 1985. Bis zum Jahre 1985 werde sich, so heißt es, der Personenkraftwagenbestand bei gleichzeitigem — unterstelltem — Bevölkerungswachstum von 5 Mill. Einwohnern auf wenigstens 18, vielleicht sogar auf 20 Mill., also nochmals um ein Achtel bis ein Viertel, steigern. Nach diesen Schätzungen würde sich also das Wachstum des Personenkraftwagenbestandes abschwächen.

Der Ersatzbedarf wird zu-, der Erstbedarf dagegen abnehmen[8].

Nach den vorliegenden Schätzungen würde sich der Personenkraftwagenbestand von 1965 bis 1975 um 45 vH und von 1975 bis 1985 um weitere 12,5 vH oder sogar um 25 vH erhöhen. Neue Werkstattflächen sollte man indes vorsichtig planen. Fachleute nehmen an, daß sich das Volumen sowohl der Inspektionen als auch der Reparaturen je Kraftfahrzeug in jeweils 5 Jahren um 10 vH vermindert, so daß der Werkstattflächenbedarf für Personenkraftwagen 1975 bei einem Bestandszuwachs von 45 vH ohne Berücksichtigung anderer Strukturänderungen nur um 36 vH größer sein würde als 1965.

Bezieht man die ständige Verbesserung der Werkstattleistung durch rationellere Maschinen und Arbeitsmethoden in die Rechnung ein, so wird man den Mehrbedarf (1975 gegenüber 1965) allenfalls mit einem Drittel anzusetzen haben. Die Änderung der Bestandsstruktur — wachsender Anteil der höheren Größenklassen — kann in der Gesamtbetrachtung unberücksichtigt bleiben, da den lukrativeren Inspektionen und Reparaturen an größeren Wagen die Abwanderung der Besitzer kleinerer Fahrzeuge gegenübersteht: Kleinere Wagen werden immer häufiger von Tankstellen, von den Eigentümern selbst oder „mit des Nachbarn Hilfe" repariert und inspiziert.

Im Hinblick auf den Bedarf an Werkstattleistungen im ganzen ist ferner die erwartete weniger günstige Entwicklung bei den Nutzfahrzeugen, bei Lastkraftwagen, Kraftomnibussen und Sonderfahrzeugen, zu berücksichtigen; hier wird sich der Bestand in der Zeit von 1965 bis 1975 vermutlich bei weitem nicht in dem Umfang erhöhen wie bei Personenkraftwagen und Kombiwagen. Der Flächen-Mehrbedarf für 1975 wurde daher nochmals reduziert, und zwar von einem Drittel auf drei Zehntel.

Zu beantworten bleibt die Frage, in welchem Umfang zur Deckung des zusätzlichen Bedarfs in Zukunft a) neue Betriebe gegründet werden und b) in welchem Umfang die bestehenden Betriebe erweitert werden und ihre Kapazitäten sich durch Rationalisierungsmaßnahmen erhöhen. In der Projektion nehmen wir für a) und b) jeweils 15 vH an[9]. Erweiterungen und Rationalisierungen werden in gewissem Umfang auch beim Übergang von freien zu ge-

---

[8] Vgl. zu diesem Thema auch: W. Lamberts und H. Schaefer, Der Einfluß der Konjunkturentwicklung auf die PKW-Nachfrage in der Bundesrepublik. „Mitteilungen des Rheinisch-Westfälischen Instituts für Wirtschaftsforschung", Jg. 18 (1967), Berlin 1967, S. 39 ff.
[9] Der Betriebsbestand wird sich nach unseren Annahmen um 20 vH erhöhen; die neuen Betriebe sind aber überwiegend kleiner und von geringerer Kapazität als die schon länger bestehenden. Daher wurde der Kapazitätseffekt dieser neuen Betriebe nicht mit 20 vH, sondern mit 15 vH angesetzt.

bundenen Werkstätten vorgenommen werden, wenn auch gewiß bei weitem nicht mehr in dem Maße wie im vergangenen Jahrzehnt.

Der Umsatzwert aus dem Absatz von Kraftfahrzeugen wird infolge des verstärkten Trends zum größeren Wagen und des überproportional wachsenden Absatzes von Gebrauchtwagen bis 1975 erheblich stärker steigen, als man angesichts der relativ geringen Erhöhung der abgesetzten Stückzahlen an neuen Personenkraftwagen und Kombiwagen (von 1965 bis 1975 + rd. 12 vH) vermuten sollte. In der Projektion wird für den Absatz von Personenkraftwagen, Kombiwagen, Krafträdern und von einschlägigem Zubehör für dieses Jahrzehnt eine Zuwachsrate zu konstanten Preisen von 76 vH angenommen.

Dieser Prozentsatz ergibt sich teils aus dem Anstieg des Absatzwertes von neuen Personenkraftwagen und Kombiwagen (von 1965 bis 1975 + rd. 12 vH) Gebrauchtwagen[10] und teils aus dem Übergang zu größeren, sichereren und komfortableren Fahrzeugen[11].

Unter Berücksichtigung der erwarteten ungünstigeren Entwicklung am Zweiradmarkt, der 1965 mit 6 bis 7 vH an der Gruppe Verkehr beteiligt war, wurde die Zuwachsrate für die gesamte Gruppe Verkehr um 2 vH auf 74 vH verringert.

Es wäre verfehlt, für die Verkaufsfläche für Kraftfahrzeuge, Fahrräder, Mopeds und Zubehör von 1965 bis 1975 eine ebenso große Steigerung anzusetzen, da die jetzige Verkaufsfläche ausreicht, um ein Mehrfaches an Kraftfahrzeugen und Fahrrädern zu verkaufen. Überdies wird auch Mitte der 70er Jahre voraussichtlich ein beachtlicher Teil der Fahrzeuge in den Büros und Werkstätten der Händler und Handwerker, also nicht in Ladengeschäften, verkauft werden; der Anteil wird als unverändert angenommen.

Für die Vergrößerung der Verkaufsfläche wurde aus diesen Gründen in der Gruppe Verkehr nur ein Plus von etwa einem Zehntel angenommen; besonders der regionalen Ausdehnung des Vertriebsnetzes soll damit Rechnung getragen werden.

Im übrigen wird man im Fahrzeugsektor in neuen Wohngebieten im allgemeinen nur Kraftfahrzeugwerkstätten und -handelsbetriebe für Personenkraftwagen und — in größeren Siedlungen — Zweiradmechaniker und Geschäfte für Auto- und Kraftradzubehör anzusetzen haben; Lastkraftwagen, Sonderkraftfahrzeuge, Kraftomnibusse werden in der Regel nicht in Ladengeschäften verkauft, sondern in den Büros der Kraftfahrzeugbetriebe.

---

[10] Der Absatz von Gebrauchtwagen wird sich nach unseren Annahmen von 1965 bis 1975 um 90 vH steigern.
[11] Die wertmäßige Steigerung durch Überwechseln zu größeren und komfortableren Modellen wird mit jeweils 15 vH bei turnusmäßiger Ersatzanschaffung im Abstand von 4 Jahren angenommen. Dies wirkt sich mit einer gewissen Verzögerung auch auf dem Gebrauchtwagenmarkt aus.

D. Einzelhandel und Handwerk in neuen Wohngebieten

Siedlungen von 1 000 bis 100 000 Einwohnern

Aus dem Absatz der einzelnen Branchen wird die benötigte Gesamtverkaufs- oder Ladenfläche ermittelt. Die Summe der benötigten Flächen ergibt die Gesamtverkaufs- oder Ladenfläche eines neuen Wohngebiets bestimmter Größe. Die sonstigen benötigten Flächen für Büros, Sozialräume, Werkstatt, Hofraum, Garagen, Abstellplätze usw. sind den Ladenflächen hinzuzurechnen. Das Ergebnis sind die Geschäftsflächen (im Einzelhandel) bzw. die Betriebsflächen (im Handwerk).

Die Aufteilung der Verkaufs-, Geschäfts- und Betriebsflächen auf Einzelhandel und Handwerkshandel bereitet gewisse Schwierigkeiten, da diese beiden Bereiche in der Umsatzstatistik und in der Handwerksstatistik unterschiedlich abgegrenzt sind. Die Umsatzsteuerstatistik fußt auf dem Schwerpunktprinzip, d. h. dem (institutionellen) Einzelhandel sind hier auch alle Handwerksbetriebe zugeordnet, deren (Umsatz-)Schwerpunkt im Einzelhandel liegt. Dagegen erfaßt die Handwerksstatistik die gesamten Umsätze der Handwerksbetriebe, also auch die Umsätze der Betriebe mit Schwerpunkt im Einzelhandel. Diese unterschiedliche statistische Abgrenzung stört um so mehr, als der Absatz in Ladengeschäften, der der Ermittlung der Verkaufs- und Geschäftsflächen zugrunde liegt, nur durch die Formel: Umsatz des (institutionellen) Einzelhandels lt. Umsatzsteuerstatistik + Handelsumsatz des Handwerks abzüglich Umsatz der Betriebe mit Schwerpunkt im Einzelhandel lt. Handwerksstatistik, gewonnen werden konnte (vgl. hierzu auch S. 15).

Für die Aufteilung der Verkaufs- und Geschäftsflächen auf Einzelhandel und Handwerk kann diese Formel nicht verwendet werden. Bei der Ermittlung der genannten Flächen insgesamt wird der Umsatz der (Handwerks-)Betriebe mit Schwerpunkt im Einzelhandel vom Handelsumsatz des Handwerks abgezogen, um Doppelzählungen zu vermeiden. Bei der Aufgliederung der funktionalen Einzelhandelsumsätze auf den institutionellen Einzelhandel und auf den Handwerkshandel dagegen müssen die gesamten Handelsumsätze des Handwerks entsprechend den in der Gewerbestatistik üblichen Gepflogenheiten dem Handwerk zugeordnet werden. Dafür sind indes nicht nur statistische, sondern auch triftige wirtschaftliche Gründe anzuführen, vor allem die Tatsache, daß die Handwerksbetriebe mit überwiegendem Handelsumsatz beschäftigungs- und personalmäßig meist stärker im handwerklichen Bereich verankert sind als im Handel. Selbst im Radio- und Fernsehtechnikerhandwerk mit einem Anteil des Handelsumsatzes am Gesamtumsatz von 75 vH sind mehr als zwei Drittel aller Beschäftigten (einschl. der Betriebsinhaber) im handwerklichen Sektor tätig.

Gerade in den technischen Handwerkszweigen, im Kraftfahrzeug-, Landmaschinen-, Elektro-, Büromaschinenmechanikerhandwerk usw., in denen die Handelstätigkeit fast allgemein sehr groß ist, bilden angesichts der hohen Bedeutung des Kundendienstes für den Warenabsatz der technische Bereich und das Ladengeschäft wirtschaftlich eine Einheit. Zumindest bei den kleineren Betrieben ist der Handwerker zugleich technischer Leiter und Händler.

Mit der Aufgliederung der Flächen auf den institutionellen Einzelhandel und den Handwerkshandel soll die Wahl von Kaufleuten oder Handwerkern für den Ansatz in bestimmten Siedlungsgebieten nicht vorweggenommen, sondern lediglich ein Anhaltspunkt für die Größenordnungen in der Praxis gegeben werden. In einigen Branchen, z. B. bei Textilien, Hausrat und Wohnbedarf, wird man von der Sache her möglicherweise besser einem Kaufmann, in anderen, z. B. in den betont technischen Zweigen, aber auch im Bereich des gehobenen persönlichen Bedarfs, z. B. bei Pelzwaren, Uhren, Gold-, Silber- und Juwelierwaren, dagegen vielleicht besser einem Handwerker den Vorzug geben, der freilich auch kaufmännisch geschult sein müßte. Immer sollte jedoch letztlich nicht der Beruf, sondern die Eignung entscheiden, ein Geschäft im ganzen zum Erfolg zu führen.

Der Absatz je m² Verkaufsfläche und je Einwohner ist in kleinen Siedlungen geringer als in großen, da von diesen weniger Kaufkraft in andere Bezirke abfließt und überdies auswärtige Kaufkraft angezogen wird. Entsprechend nimmt die Zahl der Gewerbebetriebe bzw. die Verkaufsfläche von einer bestimmten Siedlungsgröße an überproportional zu. Eine erste Schwelle dieser Art beginnt bei 2 500 Einwohnern — anhaltend bis zu 8 000 Einwohnern. Eine relativ starke Zunahme des Gewerbes in quantitativer und qualitativer Hinsicht wird ferner bei 12 000 bis zu 25 000 Einwohnern festgestellt. Bedeutendere zentrale Funktionen erfordern einen Einzugsbereich von wenigstens 35 000, die volle Versorgung mit Gütern und Diensten zentraler Art einen solchen von 100 000 und mehr Einwohnern[1].

Wir weisen die Verkaufs-, Geschäfts- und Betriebsflächen für Siedlungen von 1 000, 5 000, 10 000, 20 000, 30 000, 50 000 und 100 000 Einwohnern aus. Die Differenzierung der Gewerbedichte in Siedlungen unterschiedlicher Größe ist aus Tabelle 10 ersichtlich, die einen Überblick über den Umsatz je Einwohner der einzelnen Bedarfsgruppen des institutionellen Einzelhandels im Jahre 1959[2] gibt. Danach reichte die Spanne damals beispielsweise in der Gruppe Nahrungs- und Genußmittel von 319 DM je Einwohner im Durchschnitt der Gemeinden unter 2 000 Einwohner bis zu 646 DM je Einwohner im Durch-

---

[1] Vgl. K. Otto, Zur Frage zweckmäßiger Siedlungs- und Nahbereichsgrößen unter den Gesichtspunkten wirtschaftlicher Verwaltung und vielfältigen Angebots von Gütern und Diensten. Informationen, hrsg. vom Institut für Raumforschung, Jg. 17 (1967), Nr. 4, S. 123 ff.
[2] Für spätere Jahre fehlen entsprechende Unterlagen.

Tabelle 10: Umsatz des Einzelhandels absolut und je Einwohner nach Gemeindegrößenklassen 1959 (Bundesgebiet¹)

	In Gemeinden mit ... bis unter ... Einwohnern							Insgesamt
	unter 2 000	2 000 bis 5 000	5 000 bis 10 000	10 000 bis 20 000	20 000 bis 50 000	50 000 bis 100 000	100 000 und mehr	
Einzelhandel mit Waren verschiedener Art (ohne Gemischtwaren)								
Umsatz in 1 000 DM	30 336	25 640	40 209	119 245	605 881	1 221 625	5 093 284	7 136 220
Anteil in vH	0,4	0,3	0,6	1,7	8,5	17,1	71,4	100
Umsatz je Einwohner in DM	2,46	4,02	8,39	32,88	118,19	356,84	278,85	132,24
Nahrungs- und Genußmitteln und Gemischtwaren								
Umsatz in 1 000 DM	3 931 938	2 825 901	2 519 045	2 092 194	3 066 408	2 121 293	11 791 120	28 347 899
Anteil in vH	13,9	10,0	8,9	7,3	10,8	7,5	41,6	100
Umsatz je Einwohner in DM	318,54	442,61	525,43	576,86	598,18	619,63	645,54	525,30
Bekleidung, Wäsche, Sportartikeln und Schuhen								
Umsatz in 1 000 DM	585 045	1 058 931	1 129 177	1 139 392	1 962 051	1 383 206	7 409 926	14 667 728
Anteil in vH	4,0	7,2	7,7	7,8	13,4	9,4	50,5	100
Umsatz je Einwohner in DM	47,40	165,85	235,53	314,15	382,75	404,03	405,68	271,80
Hausrat und Wohnbedarf								
Umsatz in 1 000 DM	246 699	387 473	452 728	385 917	656 474	501 038	2 580 438	5 210 767
Anteil in vH	4,7	7,4	8,7	7,4	12,6	9,6	49,6	100
Umsatz je Einwohner in DM	19,99	60,69	94,43	106,40	128,06	146,35	141,27	96,56
elektrotechnischen und optischen Artikeln, Uhren								
Umsatz in 1 000 DM	153 111	264 511	341 630	341 820	560 311	421 654	2 273 589	4 356 626
Anteil in vH	3,5	6,1	7,8	7,8	12,9	9,7	52,2	100
Umsatz je Einwohner in DM	12,40	41,43	71,26	94,25	109,30	123,17	124,47	80,73

Papierwaren und Druckerzeugnissen								
Umsatz in 1 000 DM	24 352	88 292	116 981	189 418	162 677	132 839	826 662	1 542 021
Anteil in vH	1,6	5,7	7,6	12,3	10,6	8,6	53,6	100
Umsatz je Einwohner in DM	1,97	13,83	24,40	52,23	31,73	38,80	45,26	28,58
pharmazeutischen, kosmetischen und ähnlichen Erzeugnissen								
Umsatz in 1 000 DM	149 227	390 290	420 719	352 313	482 089	333 655	1 736 948	3 865 241
Anteil in vH	3,9	10,1	10,9	9,1	12,5	8,6	44,9	100
Umsatz je Einwohner in DM	12,09	61,13	87,75	97,14	94,04	97,46	95,09	71,63
Fahrzeugen, Maschinen und Büroeinrichtungen								
Umsatz in 1 000 DM	400 667	345 510	443 784	458 077	937 761	775 664	2 903 377	6 264 840
Anteil in vH	6,4	5,5	7,1	7,3	15,0	12,4	46,3	100
Umsatz je Einwohner in DM	32,46	54,12	92,57	126,30	182,94	226,57	158,95	116,09
sonstigen Waren								
Umsatz in 1 000 DM	92 043	118 432	118 096	110 164	128 474	116 228	616 806	1 300 243
Anteil in vH	7,1	9,1	9,1	8,5	9,9	8,9	47,4	100
Umsatz je Einwohner in DM	7,46	18,55	24,63	30,37	25,06	33,95	33,77	24,09
Einzelhandel insgesamt								
Umsatz in 1 000 DM	5 791 967	5 719 619	5 798 544	5 347 388	8 811 102	7 168 273	36 096 567	74 733 460
Anteil in vH	7,7	7,6	7,8	7,2	11,8	9,6	48,3	100
Umsatz je Einwohner in DM	469,23	895,83	1 209,47	1 474,37	1 718,84	2 093,84	1 976,21	1 384,86
Bevölkerung								
in 1 000	12 343,5	6 384,7	4 794,3	3 626,9	5 126,2	3 423,5	18 265,6	53 964,7
Anteil in vH	22,9	11,8	8,9	6,7	9,5	6,3	33,9	100

Quelle: Statistisches Bundesamt, Statistisches Jahrbuch für die Bundesrepublik Deutschland 1960, S. 46, und Handels- und Gaststättenzählung 1960, I. Einzelhandel, S. 8 ff. – [1] Ohne Saarland, einschl. Berlin (West).

schnitt der Gemeinden von 100 000 und mehr Einwohnern. In der Gruppe Hausrat und Wohnbedarf lauten die Grenzwerte 20 DM (Gemeinden unter 2 000 Einwohnern) und 141 DM (Gemeinden von 100 000 und mehr Einwohnern), in der Gruppe Bekleidung, Wäsche, Sportartikel und Schuhe 47 DM und 406 DM, bei pharmazeutischen, kosmetischen und ähnlichen Erzeugnissen 12 DM und 95 DM und bei elektrotechnischen und optischen Artikeln einschl. Uhren 12 DM und 124 DM. Wir haben diese unterschiedliche Besetzung des institutionellen Einzelhandels in den einzelnen Gemeindegrößenklassen auf die Verkaufs-, Geschäfts- und Betriebsflächen des funktionalen Einzelhandels (institutioneller Einzelhandel und Handwerkshandel) übertragen[3]. In Siedlungen mit 1 000 Einwohnern entspricht die ausgewiesene Verkaufs-, Geschäfts- und Betriebsfläche der einzelnen Bedarfsgruppen dem durchschnittlichen Umsatzniveau des institutionellen Einzelhandels der Gemeindegrößenklassen unter 2 000 Einwohner. Entsprechend wurden die Flächen der Siedlungen mit 5 000 Einwohnern auf den Durchschnitt der Gemeindegrößenklassen von 2 000 bis 5 000 und 5 000 bis 10 000 Einwohnern abgestimmt, diejenigen von Siedlungen mit 10 000 Einwohnern auf den Durchschnitt der Gemeindegrößenklassen 5 000 bis 10 000 und 10 000 bis 20 000 Einwohnern usf. usf.

Die Gewerbedichte eines Bezirkes entspricht also in hohem Maße der Bevölkerungsdichte. Für kleine Siedlungen benötigt man in den meisten Bedarfsgruppen nur relativ geringe Flächen, die für Spezialgeschäfte im allgemeinen nicht, für Kombinationen verschiedener Warensortimente jedoch mitunter ausreichen. In Siedlungen von 1 000 Einwohnern hat 1965 wie 1975 mit 108 und 114 m^2 Verkaufsfläche die Bedarfsgruppe Nahrungs- und Genußmittel den größten Anteil an der Gesamtverkaufsfläche. Es folgen die Gruppen Hausrat und Wohnbedarf (Möbel, Heimtextilien, Haushaltswäsche, elektrotechnische Erzeugnisse, Öfen, Hausrat, Metall-, Glas- und keramische Waren, Rundfunk- und Fernsehgeräte, Tapeten, Farben und Fußbodenbeläge) mit 26 m^2 (1965) und 29 m^2 (1975) sowie die Gruppe Bekleidung, Textilien und Zubehör mit 21 m^2 und 22 m^2 Verkaufsfläche. Die übrigen Bedarfsgruppen bleiben weit hinter diesen Werten zurück, so die Gruppe Körper- und Gesundheitspflege mit jeweils 4 m^2 in den Jahren 1965 und 1975 und die Gruppe Bildung, Unterhaltung und Erholung mit jeweils 3 m^2.

Die Werte für die einzelnen Bedarfsgruppen können anhand der von der amtlichen Statistik ausgewiesenen Ausgaben der privaten Haushalte für Verbrauchsgüter nach Einkommensschichten modifiziert werden. Die Durchschnittswerte z. B. könnten für die mittlere Verbrauchergruppe eingesetzt werden; für Siedlungen mit überwiegend den unteren Einkommensschichten angehörenden Bewohnern dagegen könnte die untere und für Siedlungen mit überwiegend zu den höheren Einkommensschichten zählenden Bewohnern die gehobene Verbrauchergruppe gewählt werden.

---

[3] Für den Handwerkshandel gibt es keine entsprechenden Statistiken.

Sowohl die Klassifizierung nach der Siedlungsgröße als auch diejenige nach Verbrauchergruppen sind im Hinblick auf die Festsetzung der Verkaufsfläche in neuen Wohngebieten problematisch. Beispielsweise wächst der Bedarf an Waren und Dienstleistungen eines Gebietes zwar mit dem Einkommen seiner Bewohner, mit diesem erhöhen sich aber auch die Möglichkeiten des sog. Beziehungseinkaufs, der vielfach außerhalb des engeren Wohnbezirks getätigt wird. Überdies setzt sich in Kreisen mit höheren Einkommen der wöchentliche Familieneinkauf mit dem Auto mehr und mehr durch, wobei zunehmend Diskonthäuser, Verbrauchermärkte und dgl. bevorzugt werden. Auch viele Konsumenten mit mittleren Einkommen kaufen auf diese Weise ein. Es ist also keineswegs bewiesen, daß die Angehörigen der oberen Einkommensgruppen in ihrem Siedlungsgebiet mehr Geld ausgeben als die Angehörigen der unteren Gruppe. Diese können im allgemeinen nur kleine Mengen einkaufen, sie verfügen in den seltensten Fällen über ein eigenes Kraftfahrzeug und scheuen — da es sich oft um ältere Leute handelt — weite Einkaufswege[4].

Werden — wie vorgesehen — später bestimmte Siedlungen untersucht, können die Berechnungen weiter verfeinert werden, indem man sie auf die Ergebnisse des entsprechenden Stadt- oder Landkreises abstellt oder die entsprechenden Werte für regional, wirtschaftlich und sozial ähnlich liegende neue Wohngebiete vom gleichen Umfang zum Vergleich heranzieht, soweit die Gewerbeansiedlung dort dem tatsächlichen Bedarf entspricht.

Eine andere Verfeinerung besteht darin, die Absatzerwartungen und die darauf fußenden Verkaufsflächen für bestimmte Stadt- und Ortstypen zu berechnen. Als Siedlungstypen kommen z. B. in Betracht: Einseitige Industriestadt, zentrale Stadt, sozial gemischte Stadt.

Bei allen möglichen Verfeinerungen der Bedarfsrechnung wird man den Umfang und die Struktur des Waren- und Dienstleistungsangebots für jede Siedlung individuell ermitteln müssen, da Gesamteinkommen, verfügbares Einkommen (Kaufkraft), Siedlungs- und Verkehrsstruktur („selbständige" und „integrierte" Siedlungen) und andere den Bedarf bestimmende Faktoren von Wohngebiet zu Wohngebiet unterschiedlich sind. Beispielsweise wird man bei größeren, weitgehend in sich geschlossenen Märkten größere Betriebe mit umfassenderen Sortimenten anzusetzen haben als in integrierten, an größere Siedlungen angelehnten Wohngebieten. Für kleinere Wohngebiete, zu deren Versorgung eine Ladenzeile oder -gruppe ausreicht, wird man die Betriebs-

---

[4] Allgemein werden sich Einzelhandel und Handwerk mit den Auswirkungen der Verkehrsmotorisierung vor allem im Hinblick auf die Einkaufsgewohnheiten und -wege auseinandersetzen müssen. Durch den „Zug der Bevölkerung ins Grüne" und durch die Errichtung von Einkaufszentren an verkehrsgünstigen Plätzen außerhalb der Großstädte haben sich gewisse Verlagerungen von der City zu den Randgebieten der Städte und darüber hinaus ergeben. Wird dieser Trend anhalten oder werden die Städte durch die Erneuerung der City, durch Schaffung von Parkraum u. a. m. eine weitere Abwanderung der Kaufkraft verhindern können? Diese Frage wird sich wohl kaum global beantworten lassen, da die Verhältnisse in den einzelnen Siedlungsräumen zu unterschiedlich sind. Fest steht lediglich, daß sich der Einfluß der Motorisierung auf die Lebens-, Verbrauchs- und Einkaufsgewohnheiten in Zukunft noch verstärken wird.

größen geringer festlegen müssen als bei Hauptzentren als Mittelpunkte von Stadtgebieten usw. Auch die hier genannten Zahlen können der Praxis daher nur grobe Anhaltspunkte geben.

Fristigkeiten des Bedarfs und Standort

Treffen unsere Annahmen zu, so werden sich auch die Anteile der Güter des kurz-, mittel- und langfristigen Bedarfs am Absatz des funktionalen Einzelhandels (institutioneller Einzelhandel und Handwerkshandel) in Ladengeschäften zwischen Mitte der 60er und Mitte der 70er Jahre merklich ändern. 1965 entfielen 48,5 vH des Gesamtabsatzes auf den kurzfristigen, 37,5 vH auf den mittelfristigen und 14 vH auf den langfristigen Bedarf; für 1975 lauten die entsprechenden Werte 45,9 vH, 39,4 vH und 14,7 vH. Dagegen verändern sich die Anteile der 3 Bedarfskategorien an der Verkaufsfläche infolge der andersartigen Entwicklung des Absatzes je m² Verkaufsfläche nach unserer Schätzung kaum.

Geschätzte Entwicklung des Absatzes von kurz-, mittel- und langlebigen Gütern

	Gesamtabsatz				Verkaufsfläche			
	Mill. DM		Anteil in vH		m²		Anteil in vH	
	1965	1975	1965	1975	1965	1975	1965	1975
Güter des kurzfristigen Bedarfs	73 063	94 543	48,5	45,9	12 425	13 975	40,2	40,1
Güter des mittelfristigen Bedarfs	56 464	81 135	37,5	39,4	11 215	12 595	36,3	36,1
Güter des langfristigen Bedarfs	21 173	30 172	14,0	14,7	7 260	8 280	23,5	23,8
Insgesamt	150 700	205 850	100,0	100,0	30 900	34 850	100,0	100,0

Anmerkung: Die Grenzen zwischen dem mittelfristigen und dem langfristigen Bedarf sind flüssig. Wir haben die Güter mit einer durchschnittlichen Lebensdauer bis zu etwa 6 Jahren dem mittelfristigen und langlebige Güter dem langfristigen Bedarf zugeordnet. Bei Kraftfahrzeugen – als Ausnahme – ist das Fristigkeitsmerkmal nicht die Lebensdauer, sondern die Besitzdauer bei den einzelnen Fahrzeughaltern.

Güter des kurzfristigen Bedarfs: Nahrungs- und Genußmittel versch. Art, Brot und Backwaren, Fleisch und Fleischwaren, Sämereien, Futter- und Düngemittel, Blumen und zoologischer Bedarf, Schreib- und Papierwaren, Körperpflegemittel und Kosmetika, Putz- und Reinigungsmittel, Arzneimittel, Drogerie- und Reformwaren; ferner Wäscherei und Reinigung (= Dienstleistungen).

Güter des mittelfristigen Bedarfs: Herrenoberbekleidung, Damenoberbekleidung, Textilien versch. Art und Zubehör, Schuhe und Schuhwaren, Musikalien, Bücher, Schul- und Bürobedarf, Leder- und Galanteriewaren, Spielwaren, Sport- und Campingartikel, Hausrat, Metall-, Glas- und keramische Waren, Tapeten, Farben, Lacke und Fußbodenbeläge, Kraftwagen, Zweiräder und Zubehör; ferner Gesundheitspflege wie Augenoptik, Orthopädiemechanik usw. (= Dienstleistungen).

Güter des langfristigen Bedarfs: Möbel, kunstgewerbliche Erzeugnisse, Antiquitäten, Teppiche, Heimtextilien usw., elektrotechnische Erzeugnisse, Herde, Öfen, Nähmaschinen, Rundfunk-, Fernseh- und Phonogeräte, Foto-, Kino- und sonstige feinmechanische und -optische Erzeugnisse, Musikinstrumente, Waffen, Munition und sonst. Jagdartikel, Uhren, Juwelier-, Gold- und Silberwaren, Büromaschinen, Büromöbel und Organisationsmittel, technischer Bedarf (einschl. Installationsbedarf).

Diese Verschiebungen haben auch Konsequenzen für den Standort der Betriebe. In neuen (größeren) Wohngebieten z. B. wird der kurzfristige Bedarf — auch täglicher Bedarf genannt — in erster Linie im örtlichen Zentrum oder von Betrieben gedeckt, die in die Wohnbezirke eingestreut sind. Die Betriebe des mittelfristigen Bedarfs dagegen sind teils im Subzentrum und teils im Hauptzentrum ansässig, die Geschäfte des langfristigen Bedarfs ausschließlich in dem letztgenannten. Vor allem die Hauptzentren werden sich mit wachsendem Anteil der frei verfügbaren Einkommen im allgemeinen kräftig ausdehnen, während die örtlichen Zentren allenfalls geringfügig zunehmen werden. Gerade das Wachstumstempo des Hauptzentrums einer neuen Siedlung wird aber im hohen Maße auch von der Lage des Gebiets bestimmt. Bei starker Konkurrenz eines größeren Geschäftszentrums in der Nähe sind die Chancen wesentlich geringer als bei einem regional weitgehend unabhängigen Zentrum mit großem Einzugsgebiet.

Diese Erkenntnisse sind auf die Reservebildung zu übertragen: Man wird den Hauptzentren große, den Subzentren mittlere und den örtlichen Zentren relativ kleine Reserveflächen zuordnen müssen.

Tabelle 11: Benötigte m^2 Verkaufsfläche der Bedarfsgruppen 1975 (Bundesgebiet)

Bedarfsgruppe	m^2 in Siedlungen mit ... Einwohnern						
	1 000	5 000	10 000	20 000	30 000	50 000	100 000
Nahrungs- und Genußmittel	114	851	1 957	4 208	6 389	10 847	22 874
Bekleidung, Textilien und Zubehör	22	425	1 251	3 400	5 530	9 751	17 760
Schuhe und Zubehör	5	116	241	584	926	1 578	2 951
Hausrat und Wohnbedarf	29	556	1 504	3 617	5 840	10 566	22 253
Bildung, Unterhaltung, Erholung	3	80	272	664	937	1 731	4 133
Körper- und Gesundheitspflege	4	123	337	762	1 162	2 078	4 291
Verkehr	1	29	96	308	534	990	1 640
Uhren- Schmuck u. a. Geschenkartikel	1	33	107	285	460	766	1 556
Wäscherei und Chemischreinigung	2	14	40	125	204	398	909
Wirtschaftsbedarf	1	14	43	73	82	158	526
Funktionaler Einzelhandel insg.	182	2 241	5 848	14 026	22 064	38 863	78 893

Quelle siehe Tabelle 2.

Tabelle 12: Verkaufsfläche, Geschäftsfläche und Betriebsfläche des funktionalen Einzelhandels in Wohngebieten von 1000 Einwohnern 1965 und 1975, m² (Bundesgebiet)

Bedarfsgruppe/Waren (und Dienstleistungen)	1965 Verkaufsfläche insg.	1965 davon Einzelhandel	1965 davon Handwerk	1965 Geschäftsfläche Einzelhandel	1965 Betriebsfläche Handwerk	1975 Verkaufsfläche insg.	1975 davon Einzelhandel	1975 davon Handwerk	1975 Geschäftsfläche Einzelhandel	1975 Betriebsfläche Handwerk
Nahrungs- und Genußmittel	108	76	31	137	166	114	81	32	146	201
Nahrungs- und Genußmittel versch. Art	76	76	–	137	–	81	81	–	146	–
Brot und Backwaren	17	–	17	–	88	17	–	17	–	110
Fleisch und Fleischwaren	14	–	14	–	78	15	–	15	–	91
Bekleidung, Textilien und Zubehör	21	21	0,4	30	0,9	22	21	0,4	31	1
Herrenoberbekleidung	0,4	0,4	–	0,5	0,1	0,4	0,3	–	0,5	0,1
Damenoberbekleidung	0,2	0,2	–	0,3	0,1	0,2	0,2	–	0,3	0,1
Textilien versch. Art und Zubehör	21	20	0,3	29	0,8	21	21	0,3	30	0,8
Schuhe und Zubehör	4	3	0,7	5	1	5	4	0,9	7	1
Hausrat und Wohnbedarf	26	21	6	36	18	29	23	7	40	20
Möbel, Teppiche, Heimtextilien, Haushaltswäsche u. a. m.	14	11	3	16	9	14	11	3	16	10
Elektrotechn. Erzeugnisse, Herde, Öfen, Hausrat, Nähmaschinen, Metall-, Glas- u. keramische Waren	11	9	3	19	8	13	10	3	22	9
Rundfunk-, Fernseh- und Phonogeräte	1	0,7	0,2	1	0,5	1	1	0,4	2	1
Tapeten, Farben, Lacke, Fußbodenbeläge	0,3	0,2	–	0,7	0,1	0,3	0,3	–	0,8	0,1

Warengruppe										
Bildung, Unterhaltung, Erholung	3	3	0	5	·	3	3	0,1	7	0,1
Foto-, Kino- und sonstige feinmech. und -optische Erzeugnisse	0,1	0,1	—	0,2	0,1	0,1	0,1	—	0,2	—
Musikinstrumente, Spielwaren, Sport- und Campingartikel, Waffen, Munition und Jagdartikel	0,3	0,3	—	0,4	—	0,3	0,3	—	0,4	—
Musikalien, Bücher, Zeitungen, Zeitschriften	0,2	0,2	—	0,3	—	0,2	0,2	—	0,3	—
Sämereien, Futter- u. Düngemittel, Blumen und zoologischer Bedarf	2	2	—	3	—	2	2	—	5	—
Schreib- und Papierwaren, Schul- und Bürobedarf	0,4	0,4	—	0,9	0,1	0,6	0,5	—	1	0,1
Körper- und Gesundheitspflege	4	3	0,3	10	2	4	4	0,4	11	2
Körperpflegemittel und Kosmetika	0,6	0,4	0,2	0,8	2	0,6	0,4	0,2	0,8	2
Arzneimittel, Drogerie- und Reformwaren	3	3	—	9	—	3	3	—	10	—
Sonstige Waren und Leistungen für die Gesundheitspflege	0,1	—	0,1	—	0,4	0,2	—	0,2	—	0,5
Verkehr: Kraftwagen, Zweiräder und Zubehör	2	·	·	·	·	2	·	·	·	·
Schmuck und Geschenkartikel	0,7	0,5	0,3	0,8	1	0,9	0,6	0,3	1	1
Uhren, Juwelier-, Gold- und Silberwaren	0,4	0,2	0,2	0,4	0,9	0,5	0,2	0,2	0,4	1
Leder- und Galanteriewaren	0,3	0,3	0,1	0,5	0,2	0,4	0,4	0,1	0,6	0,3
Wäscherei und Chemischreinigung	2	·	·	3	·	2	2	·	·	·
Wirtschaftsbedarf	0,9	0,9	—	3	—	1	1	—	4	—
Büromaschinen, Büromöbel, Organisationsmittel	—	—	—	—	—	—	—	—	—	—
Technischer Bedarf	0,9	0,9	—	3	—	1	1	—	4	—

Quelle siehe Tabelle 2.

Anmerkung: Mehr Verkaufs- und Betriebsfläche je 1000 Einwohner 1975 gegenüber 1965 bedeutet nicht immer auch mehr Betriebe, da für die nächsten Jahre mit weiterem Wachstum der durchschnittlichen Betriebsgröße zu rechnen ist. — Differenzen durch Runden der Zahlen.

Tabelle 13: Verkaufsfläche, Geschäftsfläche und Betriebsfläche des funktionalen Einzelhandels in Wohngebieten von 5000 Einwohnern 1965 und 1975, m² (Bundesgebiet)

Bedarfsgruppe/Waren (und Dienstleistungen)	1965 Verkaufsfläche insg.	1965 davon Einzelhandel	1965 davon Handwerk	1965 Geschäftsfläche Einzelhandel	1965 Betriebsfläche Handwerk	1975 Verkaufsfläche insg.	1975 davon Einzelhandel	1975 davon Handwerk	1975 Geschäftsfläche Einzelhandel	1975 Betriebsfläche Handwerk
Nahrungs- und Genußmittel	805	570	235	1 023	1 199	851	608	242	1 091	1 505
Nahrungs- und Genußmittel versch. Art	570	570	–	1 023	–	608	608	–	1 091	–
Brot und Backwaren	127	–	127	–	662	129	–	129	–	826
Fleisch und Fleischwaren	107	–	107	–	537	114	–	114	–	679
Bekleidung, Textilien und Zubehör	416	406	10	587	29	425	416	10	600	30
Herrenoberbekleidung	24	22	2	31	6	23	22	2	30	6
Damenoberbekleidung	27	24	3	36	9	28	25	3	37	10
Textilien versch. Art und Zubehör	365	360	5	520	14	374	369	5	533	14
Schuhe und Zubehör	92	76	16	126	33	116	94	21	158	33
Hausrat und Wohnbedarf	510	399	111	684	340	556	433	123	756	389
Möbel, Teppiche, Heimtextilien, Haushaltswäsche u. a. m.	302	242	60	340	203	304	243	61	342	221
Elektrotechn. Erzeugnisse, Herde, Öfen, Hausrat, Nähmaschinen, Metall-, Glas- u. keramische Waren	170	127	42	275	118	200	150	50	324	135
Rundfunk-, Fernseh- und Phonogeräte	27	21	7	40	13	40	30	10	58	27
Tapeten, Farben, Lacke, Fußbodenbeläge	11	9	2	29	6	12	10	2	32	6

Bildung, Unterhaltung, Erholung	64	62	2	123		80	77	3	152	
Foto-, Kino- und sonstige feinmech. und -optische Erzeugnisse	4	3	1	8	4	4	3	1	8	4
Musikinstrumente, Spielwaren, Sport- und Campingartikel, Waffen, Munition und Jagdartikel	14	14	0	21		15	14	1	22	
Musikalien, Bücher, Zeitungen, Zeitschriften	7	7	—	13	—	8	8	—	13	—
Sämereien, Futter- u. Düngemittel, Blumen und zoologischer Bedarf	20	20	—	40	—	27	27	—	54	—
Schreib- und Papierwaren, Schul- und Bürobedarf	19	18	1	41	4	26	25	1	55	5
Körper- und Gesundheitspflege	108	100	7	293	43	123	114	9	335	50
Körperpflegemittel und Kosmetika	13	8	4	17	34	14	9	5	18	40
Arzneimittel, Drogerie- und Reformwaren	92	92	—	276	—	105	105	—	317	—
Sonstige Waren und Leistungen für die Gesundheitspflege	3	—	3	—	9	4	—	4	—	10
Verkehr: Kraftwagen, Zweiräder und Zubehör	28	.	.	.	.	29	.	.	.	.
Schmuck und Geschenkartikel	26	16	10	29	46	33	21	13	38	56
Uhren, Juwelier-, Gold- und Silberwaren	16	8	8	15	39	20	10	10	19	46
Leder- und Galanteriewaren	10	8	2	14	7	13	11	3	19	10
Wäscherei und Chemischreinigung	15	.	.	.	.	14	.	.	.	.
Wirtschaftsbedarf	10	10	0	33	1	14	14	0	44	1
Büromaschinen, Büromöbel, Organisationsmittel	1	1	0	2	1	1	1	0	2	1
Technischer Bedarf	9	9	—	31	—	13	13	—	42	—

Quelle und Anmerkung siehe Tabelle 12.

Tabelle 14: Verkaufsfläche, Geschäftsfläche und Betriebsfläche des funktionalen Einzelhandels in Wohngebieten von 10 000 Einwohnern 1965 und 1975, m² (Bundesgebiet)

Bedarfsgruppe/Waren (und Dienstleistungen)	1965						1975					
	Verkaufsfläche			Geschäftsfläche	Betriebsfläche		Verkaufsfläche			Geschäftsfläche	Betriebsfläche	
	insg.	davon Einzelhandel	davon Handwerk	Einzelhandel	Handwerk		insg.	davon Einzelhandel	davon Handwerk	Einzelhandel	Handwerk	
Nahrungs- und Genußmittel	1 854	1 313	541	2 354	2 759		1 957	1 399	558	2 511	3 464	
Nahrungs- und Genußmittel versch. Art	1 313	1 313	–	2 354	–		1 399	1 399	–	2 511	–	
Brot und Backwaren	294	–	294	–	1 524		298	–	298	–	1 902	
Fleisch und Fleischwaren	247	–	247	–	1 235		260	–	260	–	1 562	
Bekleidung, Textilien und Zubehör	1 226	1 188	37	1 716	106		1 251	1 212	38	1 751	115	
Herrenoberbekleidung	105	97	7	135	23		101	94	7	130	24	
Damenoberbekleidung	141	126	16	186	46		145	129	16	192	53	
Textilien versch. Art und Zubehör	980	965	14	1 395	37		1 005	989	15	1 429	38	
Schuhe und Zubehör	193	159	34	265	70		241	198	44	330	70	
Hausrat und Wohnbedarf	1 379	1 080	298	1 846	916		1 504	1 175	328	2 043	1 051	
Möbel, Teppiche, Heimtextilien, Haushaltswäsche u. a. m.	842	674	168	949	565		848	679	169	955	618	
Elektrotechn. Erzeugnisse, Herde, Öfen, Hausrat, Nähmaschinen, Metall-, Glas- u. keramische Waren	412	309	103	669	289		487	364	122	790	330	
Rundfunk-, Fernseh- und Phonogeräte	86	64	21	124	41		125	94	31	180	83	
Tapeten, Farben, Lacke, Fußbodenbeläge	39	33	6	104	21		44	38	6	118	20	

Bildung, Unterhaltung, Erholung ...	232	223	8	420	.	272	261	12	498	.
Foto-, Kino- und sonstige feinmech. und -optische Erzeugnisse	15	12	3	30	16	17	13	4	33	18
Musikinstrumente, Spielwaren, Sport- und Campingartikel, Waffen, Munition und Jagdartikel	62	59	3	90	—	65	63	3	94	—
Musikalien, Bücher, Zeitungen, Zeitschriften	59	59	—	102	—	60	60	—	104	—
Sämereien, Futter- u. Düngemittel, Blumen und zoologischer Bedarf	46	46	—	92	—	63	63	—	125	—
Schreib- und Papierwaren, Schul- und Bürobedarf	50	47	3	106	11	67	62	5	142	14
Körper- und Gesundheitspflege	295	261	33	753	178	337	299	38	861	208
Körperpflegemittel und Kosmetika	49	32	16	65	130	53	35	18	70	153
Arzneimittel, Drogerie- und Reformwaren	229	229	—	688	—	264	264	—	791	—
Sonstige Waren und Leistungen für die Gesundheitspflege	17	—	17	—	48	20	—	20	—	55
Verkehr: Kraftwagen, Zweiräder und Zubehör	93	.	.	.	.	96	.	.	.	.
Schmuck und Geschenkartikel	84	53	31	97	146	107	68	39	123	176
Uhren, Juwelier-, Gold- und Silberwaren	50	25	25	47	120	60	30	30	56	140
Leder- und Galanteriewaren	34	28	6	50	26	47	38	9	67	36
Wäscherei und Chemischreinigung..	42	.	.	.	.	40	.	.	.	.
Wirtschaftsbedarf	31	30	1	95	4	43	42	1	129	4
Büromaschinen, Büromöbel, Organisationsmittel	3	2	1	7	4	4	3	1	9	4
Technischer Bedarf	28	28	—	88	—	39	39	—	120	—

Quelle und Anmerkung siehe Tabelle 12.

Tabelle 15: Verkaufsfläche, Geschäftsfläche und Betriebsfläche des funktionalen Einzelhandels in Wohngebieten von 20 000 Einwohnern 1965 und 1975, m² (Bundesgebiet)

Bedarfsgruppe/Waren (und Dienstleistungen)	1965					1975				
	Verkaufsfläche			Geschäftsfläche	Betriebsfläche	Verkaufsfläche			Geschäftsfläche	Betriebsfläche
		davon					davon			
	insg.	Einzelhandel	Handwerk	Einzelhandel	Handwerk	insg.	Einzelhandel	Handwerk	Einzelhandel	Handwerk
Nahrungs- und Genußmittel	3 982	2 820	1 162	5 060	5 929	4 208	3 009	1 199	5 397	7 446
Nahrungs- und Genußmittel versch. Art	2 820	2 820	–	5 060	–	3 009	3 009	–	5 397	–
Brot und Backwaren	631	–	631	–	3 273	640	–	640	–	4 088
Fleisch und Fleischwaren	531	–	531	–	2 656	559	–	559	–	3 358
Bekleidung, Textilien und Zubehör	3 338	3 211	128	4 633	371	3 400	3 272	128	4 720	402
Herrenoberbekleidung	432	402	30	557	97	418	389	29	538	97
Damenoberbekleidung	569	507	63	750	186	588	524	64	774	215
Textilien versch. Art und Zubehör	2 337	2 302	35	3 326	88	2 394	2 359	35	3 408	90
Schuhe und Zubehör	467	384	84	639	168	584	480	105	800	168
Hausrat und Wohnbedarf	3 328	2 612	715	4 422	2 196	3 617	2 830	787	4 882	2 528
Möbel, Teppiche, Heimtextilien, Haushaltswäsche u. a. m.	2 102	1 682	420	2 366	1 411	2 115	1 692	422	2 381	1 540
Elektrotechn. Erzeugnisse, Herde, Öfen, Hausrat, Nähmaschinen, Metall-, Glas- u. keramische Waren	901	675	225	1 462	630	1 063	797	266	1 724	719
Rundfunk-, Fernseh- und Phonogeräte	222	167	55	321	104	323	242	81	467	216
Tapeten, Farben, Lacke, Fußbodenbeläge	103	88	15	273	51	116	99	18	310	53

Bezeichnung										
Bildung, Unterhaltung, Erholung ...	582	560	23	1 017		664	634	29	1 168	55
Foto-, Kino- und sonstige feinmech. und -optische Erzeugnisse	49	38	11	96	52	54	42	11	105	
Musikinstrumente, Spielwaren, Sport- und Campingartikel, Waffen, Munition und Jagdartikel	219	213	7	318		232	222	10	332	—
Musikalien, Bücher, Zeitungen, Zeitschriften	148	148	—	258	—	151	151	—	264	—
Sämereien, Futter- u. Düngemittel, Blumen und zoologischer Bedarf	73	73	—	146	—	99	99	—	199	—
Schreib- und Papierwaren, Schul- und Bürobedarf	93	88	5	199	21	128	120	8	268	25
Körper- und Gesundheitspflege	669	564	104	1 610	513	762	642	121	1 839	592
Körperpflegemittel und Kosmetika	125	83	41	166	333	134	90	45	180	390
Arzneimittel, Drogerie- und Reformwaren	481	481	—	1 444	—	552	552	—	1 659	—
Sonstige Waren und Leistungen für die Gesundheitspflege	63	—	63	—	180	76	—	76	—	202
Verkehr: Kraftwagen, Zweiräder und Zubehör	296	.	.	.	.	308	.	.	.	.
Schmuck und Geschenkartikel	222	143	79	263	366	285	186	98	341	443
Uhren, Juwelier-, Gold- und Silber- waren	119	60	60	114	288	144	72	72	137	336
Leder- und Galanteriewaren	103	83	19	149	78	141	114	26	204	107
Wäscherei und Chemischreinigung..	131	.	.	.	.	125	.	.	.	.
Wirtschaftsbedarf	55	51	4	157	17	73	68	5	208	16
Büromaschinen, Büromöbel, Organisationsmittel	14	10	4	32	17	18	13	5	40	16
Technischer Bedarf	41	41	—	125	—	55	55	—	168	—

Quelle und Anmerkung siehe Tabelle 12.

Tabelle 16: Verkaufsfläche, Geschäftsfläche und Betriebsfläche des funktionalen Einzelhandels in Wohngebieten von 30 000 Einwohnern 1965 und 1975, m² (Bundesgebiet)

Bedarfsgruppe/Waren (und Dienstleistungen)	1965 Verkaufsfläche insg.	1965 davon Einzelhandel	1965 davon Handwerk	1965 Geschäftsfläche Einzelhandel	1965 Betriebsfläche Handwerk	1975 Verkaufsfläche insg.	1975 davon Einzelhandel	1975 davon Handwerk	1975 Geschäftsfläche Einzelhandel	1975 Betriebsfläche Handwerk
Nahrungs- und Genußmittel	6 047	4 284	1 763	7 685	9 005	6 389	4 568	1 821	8 197	11 308
Nahrungs- und Genußmittel versch. Art	4 284	4 284	–	7 685	–	4 568	4 568	–	8 197	–
Brot und Backwaren	957	–	957	–	4 972	971	–	971	–	6 208
Fleisch und Fleischwaren	806	–	806	–	4 033	850	–	850	–	5 100
Bekleidung, Textilien und Zubehör	5 436	5 214	220	7 523	2 256	5 530	5 305	224	7 656	701
Herrenoberbekleidung	800	742	56	1 030	1 789	773	718	54	995	181
Damenoberbekleidung	1 009	899	110	1 330	331	1 041	927	114	1 372	381
Textilien versch. Art und Zubehör	3 627	3 573	54	5 163	136	3 716	3 660	56	5 289	139
Schuhe und Zubehör	740	606	133	1 012	267	926	759	167	1 265	267
Hausrat und Wohnbedarf	5 387	4 229	1 155	7 094	3 556	5 840	4 573	1 266	7 807	4 089
Möbel, Teppiche, Heimtextilien, Haushaltswäsche u. a. m.	3 498	2 798	699	3 938	2 348	3 520	2 815	704	3 961	2 563
Elektrotechn. Erzeugnisse, Herde, Öfen, Hausrat, Nähmaschinen, Metall-, Glas- u. keramische Waren	1 380	1 035	345	2 239	965	1 628	1 222	406	2 642	1 102
Rundfunk-, Fernseh- und Phonogeräte	358	268	89	517	168	521	391	131	753	348
Tapeten, Farben, Lacke, Fußbodenbeläge	151	128	22	400	75	171	145	25	451	76

	1	2	3	4	5	6	7	8	9	10
Bildung, Unterhaltung, Erholung	830	792	38	1 422	—	937	888	48	1 624	91
Foto-, Kino- und sonstige feinmech. und -optische Erzeugnisse	81	64	18	159	86	89	69	19	175	—
Musikinstrumente, Spielwaren, Sport- und Campingartikel, Waffen, Munition und Jagdartikel	384	371	13	558	—	405	387	18	582	—
Musikalien, Bücher, Zeitungen, Zeitschriften	154	154	—	267	—	157	157	—	273	—
Sämereien, Futter- u. Düngemittel, Blumen und zoologischer Bedarf	80	80	—	161	—	109	109	—	219	—
Schreib- und Papierwaren, Schul- und Bürobedarf	131	123	7	277	29	177	166	11	375	35
Körper- und Gesundheitspflege	1 017	841	175	2 395	834	1 162	958	205	2 734	1 085
Körperpflegemittel und Kosmetika	192	128	63	256	512	207	139	69	277	724
Arzneimittel, Drogerie- und Reformwaren	713	713	—	2 139	—	819	819	—	2 457	—
Sonstige Waren und Leistungen für die Gesundheitspflege	112	—	112	—	322	136	—	136	—	361
Verkehr: Kraftwagen, Zweiräder und Zubehör	514	·	·	·	·	534	·	·	·	·
Schmuck und Geschenkartikel	357	233	124	425	570	460	305	155	553	693
Uhren, Juwelier-, Gold- und Silberwaren	182	91	91	171	436	218	109	109	206	510
Leder- und Galanteriewaren	175	142	33	254	134	242	196	46	347	183
Wäscherei und Chemischreinigung	215	·	·	·	·	204	·	·	·	·
Wirtschaftsbedarf	62	54	8	170	32	82	71	10	222	30
Büromaschinen, Büromöbel, Organisationsmittel	27	19	8	61	32	34	23	10	75	30
Technischer Bedarf	35	35	—	109	—	48	48	—	147	—

Quelle und Anmerkung siehe Tabelle 12.

Tabelle 17: Verkaufsfläche, Geschäftsfläche und Betriebsfläche des funktionalen Einzelhandels in Wohngebieten von 50 000 Einwohnern 1965 und 1975, m² (Bundesgebiet)

Bedarfsgruppe/Waren (und Dienstleistungen)	1965 Verkaufsfläche insg.	1965 davon Einzelhandel	1965 davon Handwerk	1965 Geschäftsfläche Einzelhandel	1965 Betriebsfläche Handwerk	1975 Verkaufsfläche insg.	1975 davon Einzelhandel	1975 davon Handwerk	1975 Geschäftsfläche Einzelhandel	1975 Betriebsfläche Handwerk
Nahrungs- und Genußmittel	10 267	7 272	2 995	13 046	15 286	10 847	7 755	3 092	13 913	19 195
Nahrungs- und Genußmittel versch. Art	7 272	7 272	–	13 046	–	7 755	7 755	–	13 913	–
Brot und Backwaren	1 626	–	1 626	–	8 440	1 649	–	1 649	–	10 538
Fleisch und Fleischwaren	1 369	–	1 369	–	6 846	1 443	–	1 443	–	8 657
Bekleidung, Textilien und Zubehör	9 583	9 174	408	13 243	1 193	9 751	9 336	413	13 475	1 297
Herrenoberbekleidung	1 438	1 336	100	1 853	322	1 390	1 292	97	1 789	324
Damenoberbekleidung	1 947	1 733	215	2 567	638	2 010	1 789	220	2 647	734
Textilien versch. Art und Zubehör	6 198	6 105	93	8 823	233	6 351	6 255	96	9 039	239
Schuhe und Zubehör	1 260	1 034	227	1 724	453	1 578	1 293	284	2 157	455
Hausrat und Wohnbedarf	9 802	7 716	2 087	12 791	6 467	10 566	8 295	2 271	14 001	7 408
Möbel, Teppiche, Heimtextilien, Haushaltswäsche u. a. m.	6 667	5 335	1 333	7 506	4 476	6 709	5 367	1 342	7 552	4 886
Elektrotechn. Erzeugnisse, Herde, Öfen, Hausrat, Nähmaschinen, Metall-, Glas- u. keramische Waren	2 199	1 650	550	3 567	1 539	2 594	1 946	649	4 210	1 755
Rundfunk-, Fernseh- und Phonogeräte	631	473	158	911	296	918	689	229	1 327	612
Tapeten, Farben, Lacke, Fußbodenbeläge	305	258	46	807	156	345	293	51	912	155

Bildung, Unterhaltung, Erholung ...	1 531	1 459	72	2 626	.	1 731	1 642	88	2 993	
Foto-, Kino- und sonstige feinmech. und -optische Erzeugnisse	158	123	35	312	167	175	136	39	343	178
Musikinstrumente, Spielwaren, Sport- und Campingartikel, Waffen, Munition und Jagdartikel	689	665	24	998		726	695	31	1 041	
Musikalien, Bücher, Zeitungen, Zeitschriften	298	298	—	519	—	306	306	—	530	—
Sämereien, Futter- u. Düngemittel, Blumen und zoologischer Bedarf	170	170	—	340	—	231	231	—	461	—
Schreib- und Papierwaren, Schul- und Bürobedarf	216	203	13	457	48	293	274	18	618	58
Körper- und Gesundheitspflege	1 816	1 422	395	4 039	1 708	2 078	1 618	460	4 608	2 145
Körperpflegemittel und Kosmetika	341	228	114	455	908	369	246	123	492	1 064
Arzneimittel, Drogerie- und Reformwaren	1 194	1 194	—	3 584	—	1 372	1 372	—	4 116	—
Sonstige Waren und Leistungen für die Gesundheitspflege	281	281	—	—	800	337	337	—	—	1 081
Verkehr: Kraftwagen, Zweiräder und Zubehör	953	.	.	.	.	990	.	.	.	.
Schmuck und Geschenkartikel	597	386	209	705	963	766	504	261	918	1 172
Uhren, Juwelier-, Gold- und Silber-waren	311	155	155	293	746	375	187	187	354	875
Leder- und Galanteriewaren	286	231	54	412	217	391	317	74	564	297
Wäscherei und Chemischreinigung ..	419	—	—	.	.	398	—	—	.	.
Wirtschaftsbedarf	124	102	21	322	85	158	132	26	417	79
Büromaschinen, Büromöbel, Organisationsmittel	71	49	21	160	85	87	61	26	198	79
Technischer Bedarf	53	53	—	162	—	71	71	—	219	—

Quelle und Anmerkung siehe Tabelle 12.

Tabelle 18: Verkaufsfläche, Geschäftsfläche und Betriebsfläche des funktionalen Einzelhandels in Wohngebieten von 100 000 Einwohnern 1965 und 1975, m² (Bundesgebiet)

Bedarfsgruppe/Waren (und Dienstleistungen)	1965					1975				
	Verkaufsfläche			Geschäftsfläche	Betriebsfläche	Verkaufsfläche			Geschäftsfläche	Betriebsfläche
		davon					davon			
	insg.	Einzelhandel	Handwerk	Einzelhandel	Handwerk	insg.	Einzelhandel	Handwerk	Einzelhandel	Handwerk
Nahrungs- und Genußmittel	21 652	15 335	6 317	31 635	32 233	22 874	16 354	6 520	29 339	40 478
Nahrungs- und Genußmittel versch. Art	15 335	15 335	—	31 635	—	16 354	16 354	—	29 339	—
Brot und Backwaren	3 429	—	3 429	—	17 796	3 477	—	3 477	—	22 222
Fleisch und Fleischwaren	2 888	—	2 888	—	14 437	3 043	—	3 043	—	18 256
Bekleidung, Textilien und Zubehör	17 454	16 675	779	24 075	2 283	17 760	16 968	793	21 509	2 495
Herrenoberbekleidung	2 563	2 384	179	3 303	573	2 477	2 303	174	3 192	578
Damenoberbekleidung	3 973	3 537	436	5 233	1 300	4 098	3 648	451	5 398	1 497
Textilien versch. Art und Zubehör	10 918	10 754	164	15 539	410	11 185	11 017	168	12 919	420
Schuhe und Zubehör	2 366	1 941	425	3 237	852	2 961	2 428	533	4 051	853
Hausrat und Wohnbedarf	20 656	16 265	4 388	26 798	13 604	22 253	17 476	4 775	29 315	15 617
Möbel, Teppiche, Heimtextilien, Haushaltswäsche u. a. m.	14 271	11 417	2 855	16 064	9 580	14 360	11 488	2 872	16 164	10 458
Elektrotechn. Erzeugnisse, Herde, Öfen, Hausrat, Nähmaschinen, Metall-, Glas- u. keramische Waren	4 351	3 262	1 087	7 057	3 042	5 133	3 849	1 283	8 326	3 470
Rundfunk-, Fernseh- und Phonogeräte	1 418	1 062	354	2 046	664	2 064	1 547	515	2 981	1 376
Tapeten, Farben, Lacke, Fußbodenbeläge	616	524	92	1 631	318	696	592	105	1 844	313

Bildung, Unterhaltung, Erholung ...	3 649	3 468	182	6 372		4 133	3 916	218	7 294	
Foto-, Kino- und sonstige feinmech. und -optische Erzeugnisse	490	383	108	963	517	537	419	117	1 056	552
Musikinstrumente, Spielwaren, Sport- und Campingartikel, Waffen, Munition und Jagdartikel	1 361	1 315	46	1 972	—	1 434	1 373	62	2 058	—
Musikalien, Bücher, Zeitungen, Zeitschriften	825	825	—	1 434	—	843	843	—	1 468	—
Sämereien, Futter- u. Düngemittel, Blumen und zoologischer Bedarf	496	496	—	993	—	674	674	—	1 347	—
Schreib- und Papierwaren, Schul- und Bürobedarf	477	449	28	1 010	107	645	607	39	1 365	130
Körper- und Gesundheitspflege	3 760	2 877	884	8 051	4 009	4 291	3 265	1 026	9 169	4 613
Körperpflegemittel und Kosmetika	865	577	289	1 153	2 305	935	624	311	1 247	2 702
Arzneimittel, Drogerie- und Reformwaren	2 300	2 300	—	6 898	—	2 641	2 641	—	7 922	—
Sonstige Waren und Leistungen für die Gesundheitspflege	595	—	595	—	1 704	715	—	715	—	1 911
Verkehr: Kraftwagen, Zweiräder und Zubehör	1 577	.	.	.	.	1 640	.	.	.	.
Schmuck und Geschenkartikel	1 208	790	418	1 441	1 914	1 556	1 033	523	1 878	2 334
Uhren, Juwelier-, Gold- und Silberwaren	607	303	303	573	1 457	732	366	366	690	1 707
Leder- und Galanteriewaren	601	487	115	868	457	824	667	157	1 188	627
Wäscherei und Chemischreinigung..	955	.	.	.	.	909	.	.	.	.
Wirtschaftsbedarf	411	332	79	1 051	314	526	428	98	1 355	293
Büromaschinen, Büromöbel, Organisationsmittel	262	183	79	594	314	325	227	98	736	293
Technischer Bedarf	149	149	—	457	—	201	201	—	619	—

Quelle und Anmerkung siehe Tabelle 12.

E. Anhang

Die Berechnung der Ladenumsätze

Der Absatz in Ladengeschäften wurde durch Addition der Umsätze des Facheinzelhandels, der Warenhäuser, der stationären Verkaufsstellen des Versandhandels und gegebenenfalls des Handwerks ermittelt. Die Werte für den Facheinzelhandel haben wir aus der Umsatzsteuerstatistik sowie aus der repräsentativen Einzelhandelsstatistik (Hochschätzungen) gewonnen; für die Warenhäuser wurden die gleichen Statistiken sowie die Geschäftsberichte der großen Warenhausunternehmen und für das Handwerk die Ergebnisse der Handwerkszählung und der amtlichen Handwerksberichterstattung herangezogen.

Die Umsatzsteuerstatistik ist nach dem Schwerpunktprinzip gegliedert, d. h. in bezug auf den Einzelhandel, daß hier nicht nur die Umsätze der institutionellen Einzelhandelsbetriebe, sondern auch die Einzelhandelsumsätze aller anderen Wirtschaftszweige ausgewiesen werden, soweit das Umsatzschwergewicht im Einzelhandel liegt.

Den größten Anteil an diesen Umsätzen hat das H a n d w e r k , dessen Handelsumsatz 1965 — im Basisjahr der Untersuchung — 30 Mrd. DM erreichte. In welchem Umfang Handwerksbetriebe ihren Schwerpunkt im Einzelhandel haben, ist jedoch nicht aus der Umsatzsteuerstatistik, sondern (nur) aus der Handwerksstatistik zu ersehen: aus den Ergebnissen der Handwerkszählung 1963, aus der die Anteile der Betriebe mit Schwerpunkt im Einzelhandel am gesamten Handelsumsatz des Handwerks gewonnen wurden, und aus den Ergebnissen der Handwerksberichterstattung für 1965 (Ermittlung der absoluten Werte). Der Handelsumsatz eines Handwerkszweiges im Jahre 1965 minus Umsatz der Betriebe mit Schwerpunkt im Einzelhandel ergibt jeweils den Wert, der dem Umsatz der entsprechenden Branche des institutionellen Einzelhandels zuzuschlagen ist. Die Summe ist der Umsatz des funktionalen Einzelhandels.

Erheblich sind auch die E i n z e l h a n d e l s u m s ä t z e d e s G r o ß h a n d e l s. Nach den Ergebnissen der Handels- und Gaststättenzählung 1960 bzw. der Umsatzsteuerstatistik 1962 betrug der Einzelhandelsumsatz dieses Wirtschaftszweiges im Jahre 1959 5,960 Mrd. DM oder 8 vH des Umsatzes des institutionellen Einzelhandels und 1962 21,8 Mrd. DM oder 21,5 vH des Einzelhandelsumsatzes. In unsere Rechnung waren vor allem die Einzelhandelsumsätze des Großhandels mit Nahrungs- und Genußmitteln, diejenigen des Großhandels mit Fahrzeugen und Maschinen und des Großhandels mit Elektro-, Rundfunkartikeln, Metall- und Kunststoffwaren, keramischen und Glaswaren einzubeziehen.

Die **Großhandelsumsätze des Einzelhandels** werden ebenfalls durch die Umsatzsteuerstatistik 1962 ausgewiesen. Für eine begrenzte Reihe von Einzelhandelsbranchen sind diese Umsätze auch aus der Umsatzsteuerstatistik 1964 zu ersehen. Wir haben jedoch auf die Werte von 1962 zurückgegriffen, da damit die Vergleichbarkeit und Aufrechenbarkeit mit den Einzelhandelsumsätzen des Großhandels gegeben ist, die für 1964 nicht ausgewiesen worden sind. Ungeachtet der sich aus den möglichen methodischen Abweichungen der verschiedenen Statistiken ergebenden Differenzen haben sich die Anteile der Großhandelsumsätze am Gesamtumsatz des Einzelhandels seit 1959 insbesondere bei Fahrzeugen und deren Teilen, bei Maschinen sowie Hausrat und ähnlichen Gütern geändert, und zwar durchweg kräftig erhöht.

Den Großhandelsumsätzen des Einzelhandels stehen Einzelhandelsumsätze der verschiedenen Großhandelsbranchen gegenüber, so insbesondere im Nahrungs- und Genußmittelsektor, bei Fahrzeugen und Maschinen sowie Metall-, Kunststoff-, keramischen und Glaswaren. Diese Werte wurden gegeneinander aufgerechnet und das (Plus- oder Minus-)Ergebnis entweder dem Ladenabsatz des funktionalen Einzelhandels zugeschlagen oder davon abgezogen. Das ist jedoch nur dort sinnvoll, wo die Einzelhandelsumsätze des Großhandels in Ladengeschäften und die Großhandelsumsätze des Einzelhandels nicht in Ladengeschäften getätigt werden. So konnten z. B. die Einzelhandelsumsätze der Cash and Carry-Unternehmen in unserer Berechnung unberücksichtigt bleiben. Die Verkäufe des Einzelhandels an gewerbliche Abnehmer anderseits finden oft nicht im Ladengeschäft statt und brauchen daher insoweit in die Berechnung der Ladenumsätze ebenfalls nicht einbezogen zu werden. Die Großhandelsumsätze des Einzelhandels sind wesentlich geringer als die Einzelhandelsumsätze des Großhandels; sie betrugen 1959 2,7 Mrd. DM oder 3,7 vH und 1962 6,7 Mrd. DM oder 6,6 vH des Gesamtumsatzes des institutionellen Einzelhandels.

Ein Teil des Umsatzes des institutionellen Einzelhandels entfällt auf die **Reparatur-, Installations-, Montage- und Pflegediensttätigkeit**. Der Anteil hat sich gleichfalls vergrößert. Dies gilt besonders für Elektro-, Rundfunk- und Fernsehartikel, wo er bis zu einem Siebtel des Gesamtumsatzes ausmacht. Im Hinblick auf die Werkstattleistung haben wir die entsprechenden Umsatzwerte des Einzelhandels ebenfalls bereinigt.

Dem **Umsatz aus selbsthergestellten Waren** kommt insbesondere im Nahrungsmittelsektor Bedeutung zu. Es handelt sich entweder um produzierende Hauptbetriebe mit angegliederten Verkaufsstellen oder um handwerkliche Nebenbetriebe des Einzelhandels, wie Bäckereien, Konditoreien und Fleischereien, deren Umsätze im Gesamtumsatz der betreffenden Branche enthalten sind. Da diese Waren über die Ladentheke abgesetzt werden, müssen die entsprechenden Werte in die Berechnung der Verkaufsflächen einbezogen werden. Soweit der Schwerpunkt solcher Betriebe 1964 n i c h t im Einzelhandel lag, sind die Umsätze der Verkaufsniederlassungen von Produktionsbetrieben (der Industrie) jedoch infolge der Gliederung der Umsatzsteuerstatistik nach dem Schwerpunktprinzip nicht zu erfassen. Hersteller mit eigenem Vertriebs-(Laden-)Netz gibt es vor allem im Kraftfahrzeugsektor sowie bei bestimmten Konsumgütern, wie Oberbekleidung, Schuhen, Brot, Fleischwaren, Kaffee, Süßwaren, Spirituosen, Kosmetika. Die entsprechenden Einzelhandelsumsätze wurden bis jetzt nur im Rahmen des Handelszensus 1960 für das Jahr 1959 erfaßt[1]. In diesem Jahr betrug der Einzelhandelsumsatz der Industrie insg. 2,770 Mrd. DM, wovon rd. 1,185 Mrd. DM auf Fahrzeuge, Maschinen und Büroeinrichtungen, 1,055 Mrd. DM auf Nahrungs- und Genußmittel, rd. 300 Mill. DM auf Textilien, Bekleidung, Sportartikel und Schuhe und rd. 175 Mill. DM auf Hausrat und Wohnbedarf, Elektroerzeugnisse, Uhren und Schmuck entfielen. Diese Umsätze können im Rahmen dieser Untersuchung soweit unberücksichtigt bleiben, als sie in der Hauptsache den Bedarf der Wirtschaft decken (Fahrzeuge, Maschinen und Büroeinrichtungen) und solche Geschäfte daher für neue Siedlungsgebiete nicht unbedingt erforderlich sind. Für den Einzelhandelsabsatz der Industrie von Lebensmitteln anderseits, der an sich in unsere Bedarfsrechnung hineingehört, haben wir einen Gegenwert in den Umsätzen des Einzelhandels mit Waren verschiedener Art, Hauptrichtung Nahrungs- und Genußmittel, die ganz dem Einzelhandel mit Nahrungs- und Genußmitteln zugeordnet worden sind, obwohl darin z. T. auch andere Waren enthalten sind. Diese Position machte 1964 immerhin 1,5 Mrd. DM aus.

Die Ladenumsätze werden ermittelt, um den Absatz je m² Verkaufsfläche und die (benötigte) Gesamtverkaufsfläche für neue Wohnsiedlungen bestimmter Größe berechnen zu können. Daher waren vom Umsatz des funktionalen Einzelhandels auch die Werte für die Waren abzuziehen, die den Kunden auf Bestellung ins Haus geliefert werden (ein Teil der Handwerksumsätze, ferner allg. Telefonkäufe) oder vom ambulanten Handel, durch Automaten, durch Versandunternehmen oder auf dem Grauen Markt[2] verkauft werden. In dieser Hinsicht haben wir die von der amtlichen Statistik ausgewiesenen Umsätze der verschiedenen Einzelhandels- und Handwerkszweige ebenfalls bereinigt.

Die **Umsätze des Versandhandels** werden von der Umsatzsteuerstatistik ausgewiesen, wenn auch nur „nachrichtlich". Wir haben sie bei der Ermittlung des Ladenabsatzes im ganzen und der Bedarfsgruppen insoweit berücksichtigt, als die verkauften Waren tatsächlich „über die Theke

---

[1] Vgl. Statistisches Jahrbuch für die Bundesrepublik Deutschland, Wiesbaden 1965, S. 304.
[2] Umsätze am Grauen Markt sind hier nur insoweit relevant, als sie in der Umsatzsteuerstatistik nicht als Einzelhandelsabsatz erfaßt werden.

gehen". 1965 entfielen von den rund 5,6 Mrd. DM Umsatz der Versandhandelsunternehmen schätzungsweise 2 Mrd. DM oder 36 vH auf den stationären Bereich; für 1975 wird der entsprechende Anteil höher zu veranschlagen sein.

Dagegen waren die Anteile des H a n d e l s v o m L a g e r (oder vom Lagerplatz), des M a r k t h a n d e l s und des sog. a m b u l a n t e n H a n d e l s zu eliminieren. Der Handel vom Lager kommt insbesondere bei technischen Gütern, bei Maschinen und Fahrzeugen, in geringerem Umfang ferner bei Hausrat und Wohnbedarf (Möbel) sowie bei Sämereien, Futter- und Düngemitteln vor. Manchmal ist der Handel vom Lager allerdings identisch mit dem Großhandelsabsatz des Einzelhandels. Hier mußten Doppelabzüge vermieden werden.

Dem Markthandel kommt insbesondere bei Nahrungs- und Genußmitteln, vornehmlich bei Gemüse und Obst sowie Butter, Eiern und Käse, Bedeutung zu. Auch der ambulante Handel fällt vor allem bei Lebensmitteln ins Gewicht. Er ist ferner bei Textilien nennenswert. Die Anteile des Markthandels und des ambulanten Handels am gesamten Einzelhandel gehen jedoch allmählich zurück.

Bei den Nahrungsmittelhandwerken und bei den Kürschnern sind nicht nur die bereinigten Handelsumsätze, sondern auch der überwiegende Teil der Handwerksumsätze in die Rechnung einzubeziehen, da die selbsthergestellten Waren meist im Ladengeschäft verkauft werden. Bei den Bäckern und Fleischern sind vom Gesamtumsatz allerdings die „Ins-Haus-Lieferungen" sowie die Lieferungen an den Einzel- und Großhandel abzuziehen, Werte, die teils der Handwerksstatistik entnommen werden konnten, teils bei den Fachverbänden erfragt und teils geschätzt werden mußten.

1965 gab es nach Tietz[3] in der Bundesrepublik etwa 1 Mill. Waren- und Dienstleistungsautomaten, wovon die Mehrzahl auf Tabakwaren (Zigaretten) entfiel. Diese gehören allerdings in der Hauptsache dem Tabakwarengroßhandel, und zwar auch diejenigen an den Fassaden der Einzelhandelsgeschäfte. Statistische Angaben zum eigenen A u t o m a t e n a b s a t z des Einzelhandels gibt es nicht. Indessen wird der entsprechende Umsatz aus Tabakwaren im Tabakwarenfachhandel und im Lebensmitteleinzelhandel nach unseren Informationen für 1965 auf 700 Mill. DM zu veranschlagen sein. Für Süßwaren — hierfür liegen keine entsprechenden Schätzungen vor — haben wir den Automatenabsatz mit 100 Mill. DM beziffert.

Nicht eliminiert wurden bei der Berechnung des Ladenabsatzes die Kioske und die Handlungen in der Wohnung, da sie funktional Verkaufsflächen gleichkommen.

Die W a r e n h a u s u n t e r n e h m e n und ihre Tochtergesellschaften verkaufen ihre Waren ausnahmslos in Ladengeschäften; der Absatz wurde der Umsatzsteuerstatistik 1962 entnommen und für 1965 hochgerechnet (vgl. Über-

---

[3] Vgl. B. Tietz, Konsument und Einzelhandel, a.a.O., S. 365 f.

sicht 5). Der Gesamtumsatz war auf die einzelnen Sortimente aufzuteilen, wobei gewisse Anhaltspunkte aus den Geschäftsberichten der großen Warenhauskonzerne gewonnen werden konnten. Die Umsätze aus den Werkstattleistungen sind hier relativ gering, sie konnten selbst bei Rundfunk- und Fernsehgeräten sowie elektrotechnischen Erzeugnissen unberücksichtigt bleiben.

Wie wir die Ladenumsätze im einzelnen ermittelt haben, sei am Beispiel der beiden Bedarfsgruppen Nahrungs- und Genußmittel sowie Möbel und sonstige Wohnungseinrichtungsgegenstände erläutert.

Die erstgenannte Gruppe besteht aus den 3 Untergruppen: Nahrungs- und Genußmittel verschiedener Art (Kartoffeln, Obst, Gemüse, Milcherzeugnisse, Eier, Fettwaren, Fische, Süßwaren, Kaffee, Tee, Kakao, alkoholische und alkoholfreie Getränke, Tabakwaren, ferner Brot und Backwaren sowie Fleisch und Fleischwaren, soweit sie vom institutionellen Einzelhandel abgesetzt werden), ferner aus Brot- und Backwaren (einschl. Lebensmittel, soweit sie vom Bäcker- und Konditorhandwerk verkauft werden) und Fleisch und Fleischwaren (einschl. Feinkostwaren und Lebensmittel, soweit sie vom Fleischerhandwerk verkauft werden).

Der Absatz von Nahrungs- und Genußmitteln verschiedener Art, d. h. der Lebensmittelgeschäfte, betrug 1965 nach der amtlichen Statistik 44,247 Mrd. DM. Von diesem Betrag sind die Großhandelslieferungen des Einzelhandels, die Umsätze des ambulanten Handels und des Markthandels abzuziehen, während die Einzelhandelsumsätze des Großhandels (soweit sie in Ladengeschäften getätigt werden) hinzugerechnet werden müssen. Dabei ergibt sich für 1965 ein Minussaldo von 836 Mill. DM. Des weiteren sind rd. 800 Mill. DM für Automatenverkäufe der Tabakwarengeschäfte, der Süßwarengeschäfte und des Lebensmitteleinzelhandels (hier nur Eigenumsätze) abzuziehen, und zwar schätzungsweise 700 Mill. DM für Tabakwaren und 100 Mill. DM für Süßwaren. Dagegen sind die Umsätze der Lebensmittelabteilungen der Warenhäuser und der Warenhäuser des Versandhandels mit insg. 2,830 Mrd. DM dem Einzelhandelsumsatz hinzuzurechnen, so daß sich für 1965 ein Gesamtumsatz des Lebensmitteleinzelhandels von rd. 45,4 Mrd. DM ergibt.

Der Gesamtumsatz der Bäcker und Konditoren betrug 1965 9,284 Mrd. DM; davon entfielen 7,537 Mrd. DM auf private Haushalte und der Rest von 1,747 Mrd. DM auf Lieferungen an Einzelhandel und Großhandel, Industrie, Handwerk, Landwirtschaft und öffentliche Haushalte. Weitere 956 Mill. DM wurden von Betrieben umgesetzt, deren wirtschaftlicher Schwerpunkt im Einzelhandel lag und deren Umsätze in der Umsatzsteuerstatistik unter Einzelhandel mit Nahrungs- und Genußmitteln (schon) erfaßt sind. Die Umsätze des ambulanten und des Markthandels schließlich betrugen 1965 (schätzungsweise) 813 Mill. DM, so daß sich für den Absatz von Brot und Backwaren einschl. Lebensmitteln, soweit sie üblicherweise von den Bäckereien und Konditoreien verkauft werden, sowie einschl. der Kaffeehausumsätze dieser Zweige für 1965 ein rechnerischer Absatz in Ladengeschäften von 5,775 Mrd. DM ergibt.

Entsprechend waren abzuziehen vom Gesamtumsatz des Fleischerhandwerks in Höhe von .... 13,955 Mrd. DM

Absatz an Industrie, Handwerk, Handel usw.	3,140 Mrd. DM	
Umsatz der Betriebe mit Schwerpunkt im Einzelhandel	0,180 Mrd. DM	
Umsatz aus ambulantem und Markthandel	0,290 Mrd. DM	3,610 Mrd. DM
was einen rechnerischen Absatz in Ladengeschäften von .... ergibt.		10,345 Mrd. DM

Die gesamte Bedarfsgruppe Nahrungs- und Genußmittel hat demnach 1965 in Ladengeschäften abgesetzt:

Nahrungs- und Genußmittel-Einzelhandel	45,400 Mrd. DM
Bäcker und Konditoren	5,775 Mrd. DM
Fleischereien	10,350 Mrd. DM
insgesamt also	61,525 Mrd. DM

Zur Bedarfsgruppe Möbel und sonstige Einrichtungsgegenstände gehören folgende Einzelhandelsbranchen:

Umsatz 1965

Einzelhandel mit

Möbeln	4,802 Mrd. DM
Antiquitäten	0,075 Mrd. DM
kunstgewerblichen Erzeugnissen	0,108 Mrd. DM
Heimtextilien und Bettwaren (einschl. Teppiche und Gardinen)	1,141 Mrd. DM
Aussteuer-, Haus-, Bett- und Tischwäsche	0,271 Mrd. DM
Kunstgegenständen und Bildern	0,133 Mrd. DM
Holz-, Korb- und Korkwaren, Kinderwagen	0,141 Mrd. DM
Umsatz der Gruppe insgesamt .... rd.	6,671 Mrd. DM
Hinzu kommt der Umsatz der Warenhäuser und der Kaufhäuser des Versandhandels mit schätzungsweise ..	1,555 Mrd. DM
und der Handelsumsatz der Möbeltischler, der Raumausstatter und Korbmacher minus Umsatz der Betriebe mit Schwerpunkt im Einzelhandel	0,680 Mrd. DM
	8,906 Mrd. DM
Davon ist abzuziehen die Differenz aus Großhandels- und Werkstattumsatz des Einzelhandels gegenüber dem Einzelhandelsumsatz des Großhandels	0,360 Mrd. DM
so daß für 1965 ein Umsatz von	8,546 Mrd. DM

oder rd. 8,5 Mrd. DM verbleibt.

**Abstimmung der Systematiken des Privaten Verbrauchs
und der entsprechenden Branchen in der Umsatzsteuer- und Handwerksstatistik**

Privater Verbrauch	Umsatzsteuerstatistik und Handwerksstatistik
Nahrungs- und Genußmittel Gemüse, Obst, einschl. Konserven Eier, Milch, Käse und Butter, Speisefette und -öle, Fisch und Fischwaren Zucker, Süßwaren, Honig, Kakao Kaffee, Tee Bier, Spirituosen, Weine Alkoholfreie Getränke Tabakwaren	Einzelhandel mit verschiedenen Nahrungs- und Genußmitteln
Fleisch und Fleischwaren	Fleischereien
Brot und Kleingebäck Feingebäck und Dauerbackwaren	Bäckereien Konditoreien
Herren- und Knabenoberbekleidung einschl. Meterware und Entgelte für Anfertigung	Einzelhandel mit Herrenoberbekleidung Herrenschneider Flickschneider
Damen- und Mädchenoberbekleidung, auch solche aus Pelz, ferner Meterwaren und Entgelte für Anfertigung	Einzelhandel mit Damenoberbekleidung Damenschneider Kürschner
Textilien verschiedener Art und Zubehör	Einzelhandel mit Textilwaren verschiedener Art Leibwäsche, Wirk- und Strickwaren, Miederwaren, Handarbeiten und Handarbeitsbedarf Oberhemden und Bekleidungszubehör Damen- und Herrenhüten und Schirmen, Kurz- und Schneiderwaren Modisten, Wäscheschneider, Stricker, Sticker, Weber, Handschuhmacher, Mützenmacher, Schirmmacher
Schuhe (ohne Zubehör) Schuhzubehör, Reparaturen	Einzelhandel mit Schuhen und Schuhwaren Schuhmacher
Möbel, Polstermöbel einschl. Entgelte für Polsterarbeiten, Teppiche und sonst. Fußbodenbelag, Matratzen Sonst. Heimtextilien, Haushaltswäsche	Einzelhandel mit Möbeln Teppichen und Gardinen kunstgew. Gegenständen Haushaltswäsche Bettwaren Möbeltischler Raumausstatter
Heiz- und Kochgeräte, Beleuchtungskörper (Heiz- und Kochgeräte, Beleuchtungskörper, Öfen und Herde — ohne elektr. Heizöfen);	Einzelhandel mit Elektroerzeugnissen und Leuchten Metall- und Kunststoffwaren versch. Art

Privater Verbrauch	Umsatzsteuerstatistik und Handwerksstatistik
sonst. Heiz- und Kochgeräte einschl. elektr. Heizöfen	Öfen, Kühlschränken, Waschmaschinen, Nähmaschinen
Elektrische Haushaltsmaschinen und -geräte (ohne Heiz- und Kochgeräte, einschl. Nähmaschinen) Gebrauchsgüter für Gartenpflege und Nutztierhaltung	Elektroinstallateure Nähmaschinenmechaniker
Langlebige, hochwertige nichtelektrische Haushaltsmaschinen und -geräte (ohne Heiz- und Kochgeräte)	Einzelhandel mit Gas- und Wassergeräten Gas- und Wasserinstallateure
Metall- und Glaswaren, sonst. dauerhafte Waren (Geschirr, Bestecke, Werkzeug)	Einzelhandel mit Hausrat aus Metall und Kunststoffen Schneidwaren und Bestecken Haushaltskeramik und Glaswaren Schlossereien mit Ladengeschäften, Messerschmiede
Rundfunk-, Fernseh-, Phonogeräte, Zubehör, Schreib- und Rechenmaschinen, Klaviere, Reparaturen	Einzelhandel mit Rundfunk-, Fernseh- und Phonogeräten Musikinstrumenten Büromaschinen und -möbeln Radio- und Fernsehtechniker Musikinstrumentenmacher Büromaschinenmechaniker
Tapeten, Farben, Baustoffe, Wohnungsreparaturen u. ä.	Einzelhandel mit Lacken, Farben, Tapeten und Bodenbelägen Maler
Häusliche Dienste Wäscherei und Reinigung Verbrauchsgüter und Dienstleistungen für Gartenpflege und Nutztierhaltung (Sämereien und Düngemittel), Blumen	Wäscherei, Plätterei, Chemischreinigung, Gebäudereinigung Einzelhandel mit Sämereien und Düngemitteln Blumen und Pflanzen
Verbrauchsgüter für Bildungs- und Unterhaltungszwecke (Schreibbedarf, Scherzartikel, Futtermittel für Ziertiere, Tierpflegemittel)	Einzelhandel mit Papier- und Schreibwaren zoologischen Artikeln Buchbindereien mit Schreibwarengeschäften
Dauerhafte Waren für Bildung und Unterhaltung (Foto- und Kinoapparate und Zubehör, Gemälde und Plastiken)	Einzelhandel mit Foto- und Kinoapparaten Kunstgegenständen und Bildern Fotografen mit Ladengeschäften, Vergolder
Bücher, Broschüren, Zeitungen, Zeitschriften	Einzelhandel mit Büchern und Fachzeitschriften sonst. Zeitschriften und Zeitungen, Musikalien

Privater Verbrauch	Umsatzsteuerstatistik und Handwerksstatistik
Dienstleistungen für Bildung und Unterhaltung	Fotografen (Ateliers)
Kosten von Theater-, Kinobesuchen, Leihbüchern	Lichtspieltheater Leihbüchereien

Sonstige Gebrauchsgüter für Bildungs- und Unterhaltungszwecke (Schulgeräte, Sportbedarf, Büroartikel) Laboratoriumsartikel, Barometer, optische Geräte, Ferngläser und Mikroskope Devotionalien, Spielwaren aller Art, Sportgeräte, Campingartikel, Haustiere aller Art — außer Nutztiere	Einzelhandel mit Schul- und Bürobedarfsartikeln
	    feinmechanischen und
	    optischen Geräten
	    Spielwaren
	    Sport- und Campingartikeln

Kraftfahrzeuge und Fahrräder	Einzelhandel mit Kraftwagen und Krafträdern
	    Fahrrädern und Mopeds
	    Kraftfahrzeugteilen

Sonstige Waren, Reparaturen und Dienstleistungen für eigene Kraftfahrzeuge	Kraftfahrzeugmechaniker Zweiradmechaniker Vulkaniseure
Kraftstoffe	Tankstellen

Waren und Dienstleistungen für die Körperpflege (Gebrauchs- und Verbrauchsgüter für die Körperpflege, Friseurleistungen) Waren und Dienstleistungen für die Gesundheitspflege	Einzelhandel mit Parfümerien und Körperpflegemitteln, Feinseifen, Bürsten und Reinigungsmitteln
	Damen- und Herrenfriseure
	Apotheken, Drogerien
	Einzelhandel mit Reformwaren
	    orthopädischen und
	    medizinischen Artikeln
	Augenoptiker, Bandagisten
	Orthopädiemechaniker
	Zahntechniker
	Orthopädieschuhmacher

Persönliche Ausstattung (Uhren, echter Schmuck, Galanteriewaren, Feintäschnerwaren, Reparaturen und Änderungen; Begräbnisartikel) Banken und Versicherungen	Einzelhandel mit Uhren und Schmuckwaren
	    Lederwaren (ohne Schuhe)
	    Galanteriewaren
	Uhrmacher, Goldschmiede
	Feintäschner, Sattler (und Polsterer)
	Bestattungswesen
	Bank- und Versicherungsgewerbe

Kohlen und sonst. feste Brennstoffe Flüssige Brennstoffe zum Heizen, Kochen etc.	Einzelhandel mit festen und flüssigen Brennstoffen

Quellen: H. Schaefer, Der Private Verbrauch nach Herkunft und Verwendung, a.a.O. — Stat. Bundesamt: Güterverzeichnis für den Privaten Verbrauch, Ausgabe 1963, Stuttgart und Mainz 1963. — Umsatzsteuerstatistik 1964, Handwerkszählung 1963.

Tabellenanhang

Tabelle A 1: Absatz in Ladengeschäften des Einzelhandels und Handwerks nach Bedarfsgruppen 1965 und 1975 (Bundesgebiet)

Bedarfsgruppe/Untergruppe	Ladenabsatz des ...				Veränderung in vH
	Einzelhandels 1965	Handwerks 1965	funktionalen Einzelhandels 1965	funktionalen Einzelhandels 1975	
	Mill. DM	Mill. DM	Mill. DM	Mill. DM	
Funktionaler Einzelhandel insgesamt	.	.	150 695	205 850	+ 36,6
Nahrungs- und Genußmittel insgesamt	45 400	16 125	61 525	77 025	+ 25,2
Nahrungs- und Genußmittel verschiedener Art	45 400	—	45 400	58 600	+ 29,1
Brot und Backwaren	—	5 775	5 775	6 525	+ 13,0
Fleisch und Fleischwaren	—	10 350	10 350	11 900	+ 15,0
Bekleidung, Textilien und Zubehör	23 993	735	24 728	30 398	+ 22,9
Herrenoberbekleidung	3 747	109	3 856	4 434	+ 15,0
Damenoberbekleidung	5 278	535	5 813	7 441	+ 28,0
darunter Kürschnerwaren	334	490	824	1 236	+ 50,0
Textilien verschiedener Art und Zubehör	14 968	91	15 059	18 523	+ 23,0
Schuhe und Zubehör	3 800	234	4 034	5 559	+ 37,8
Hausrat und Wohnbedarf	18 271	3 459	21 730	30 305	+ 39,5
Möbel, kunstgewerbliche Erzeugnisse, Antiquitäten, Teppiche, Heimtextilien, Haushaltswäsche u. a. m.	7 866	680	8 546	10 050	+ 17,6
Elektrotechnische Erzeugnisse, Herde, Öfen, Hausrat, Nähmaschinen, Metall-, Glas- und keramische Waren	6 640	2 272	8 912	13 012	+ 46,0
Rundfunk-, Fernseh- und Phonogeräte	2 508	320	2 828	5 167	+ 82,7
Tapeten, Farben, Lacke, Fußbodenbeläge	1 257	187	1 444	2 076	+ 43,8

Bildung und Unterhaltung	6 141	206	6 347	+ 44,5
Foto-, Kino- und sonstige feinmech. und -optische Erzeugnisse (ohne einschläg. Umsätze der Drogerien und Augenoptiker)	1 019	117	1 136	+ 28,7
Musikinstrumente, Spielwaren, Sport- und Campingartikel, Waffen, Munition und Jagdartikel	1 369	68	1 437	+ 28,6
Musikalien, Bücher, Zeitungen, Zeitschriften	1 679	0	1 679	+ 42,3
Sämereien, Futter- und Düngemittel, Blumen und zoologischer Bedarf	960	0	960	+ 65,9
Schreib- und Papierwaren	1 114	21	1 135	+ 65,4
Körper- und Gesundheitspflege	7 769	1 252	9 021	+ 59,8
Körperpflegemittel und Kosmetika, Putz- und Reinigungsmittel	977	442	1 419	+ 50,0
Arzneimittel, Drogerie- und Reformwaren	6 792	0	6 792	+ 61,8
Sonstige Waren und Leistungen für die Gesundheitspflege	—	810	810	+ 60,5
Verkehr: Kraftwagen, Zweiräder und Zubehör	9 608	7 609	17 217	+ 74,0
Uhren, Schmuck und andere Geschenkartikel	2 704	421	3 125	+ 70,9
Uhren, Juwelier-, Gold- und Silberwaren	1 805	328	2 133	+ 71 0
Leder- und Galanteriewaren	899	93	992	+ 70,7
Wäscherei und Chemischreinigung	.	.	1 730	± 0
Wirtschaftsbedarf	1 061	177	1 238	+ 57,4
Büromaschinen, Büromöbel, Organisationsmittel	701	177	878	+ 56,3
Technischer Bedarf (einschl. Installationsbedarf)	360	—	360	+ 60,0

Quelle und Erläuterungen siehe Tabelle 2.

Tabelle A 2: Absatz in Ladengeschäften des Einzelhandels und Handwerks absolut, je Kopf der Bevölkerung und je m² Verkaufsfläche 1965 und 1975 (Bundesgebiet)

Bedarfsgruppe/Untergruppe	Absatz in Ladengeschäften					
	1965			1975		
	Mill. DM	je Kopf der Bevölkerung in DM	je m² Verkaufsfläche in DM	Mill. DM	je Kopf der Bevölkerung in DM	je m² Verkaufsfläche in DM
Nahrungs- und Genußmittel insgesamt	61 525	1 044	5 920	77 025	1 250	6 670
Nahrungs- und Genußmittel versch. Art	45 400	770	6 170	58 600	951	7 100
Brot und Backwaren	5 775	98	3 510	6 525	106	3 720
Fleisch und Fleischwaren	10 350	176	7 470	11 900	193	7 750
Bekleidung, Textilien und Zubehör	24 728	419	3 540	30 398	493	4 100
Herrenoberbekleidung	3 856	65	4 420	4 434	72	5 000
Damenoberbekleidung	5 813	99	4 560	7 441	121	5 380
Textilien versch. Art und Zubehör	15 059	255	3 110	18 523	301	3 550
Schuhe und Zubehör	4 034	68	3 820	5 559	90	4 000
Hausrat und Wohnbedarf	21 730	369	2 700	30 305	492	3 310
Möbel, Teppiche, Heimtextilien, Haushaltswäsche u. a. m.	8 546	145	1 620	10 050	163	1 800
Elektrotechn. Erzeugnisse, Herde, Öfen, Hausrat, Nähmaschinen, Metall-, Glas- und keramische Waren	8 912	151	4 420	13 012	211	5 200
Rundfunk-, Fernseh- und Phonogeräte	2 828	48	5 450	5 167	84	6 500
Tapeten, Farben, Lacke, Fußbodenbeläge	1 444	24	6 450	2 076	34	7 800

Bildung, Unterhaltung, Erholung	6 347	108	4 770	9 169	149	5 700
Foto-, Kino- u. sonstige feinmech. u. -optische Erzeugnisse	1 136	19	7 620	1 462	24	8 500
Musikinstrumente, Spielwaren, Sport- und Campingartikel, Waffen, Munition und Jagdartikel	1 437	24	3 100	1 848	30	3 600
Musikalien, Bücher, Zeitungen, Zeitschriften	1 679	28	5 900	2 389	39	7 800
Sämereien, Futter- und Düngemittel, Blumen und zoologischer Bedarf	960	16	4 300	1 593	26	5 000
Schreib- und Papierwaren, Schul- und Bürobedarf	1 135	19	5 420	1 877	30	6 300
Körper- und Gesundheitspflege	9 021	153	5 950	14 418	234	7 920
Körperpflegemittel und Kosmetika	1 419	24	4 700	2 129	35	6 200
Arzneimittel, Drogerie- und Reformwaren	6 792	115	6 570	10 989	178	8 800
Sonstige Waren und Leistungen für die Gesundheitspflege	810	14	4 500	1 300	21	5 710
Verkehr:						
Kraftwagen, Zweiräder und Zubehör	17 217	292	28 700	29 958	486	45 700
Uhren, Schmuck und andere Geschenkartikel	3 125	53	6 770	5 340	87	8 580
Uhren, Juwelier-, Gold- und Silberwaren	2 133	36	8 750	3 647	59	11 800
Leder- und Galanteriewaren	992	17	4 560	1 693	27	5 400
Wäscherei und Chemischreinigung	1 730	29	—	1 730	28	—
Wirtschaftsbedarf	1 238	21	7 730	1 948	32	8 870
Büromaschinen, Büromöbel, Organisationsmittel	878	15	12 500	1 372	22	15 000
Technischer Bedarf	360	6	4 000	576	9	4 500

Quelle und Erläuterungen siehe Tabelle 2. — Differenzen durch Runden der Zahlen.

Tabelle A 3: Strukturdaten des Handwerks[1] 1962/63 (Bundesgebiet[2])

Handwerkszweig	Betriebe 31.5.1963	Besch. 30.9.1962	Umsatz Jahr 1962 1000 DM	Umsatz je Betrieb DM	Umsatz je Besch. DM	Umsatz je Einw. DM	Besch. je Betrieb	Betriebe je 10 000 Einw.
Handwerk insgesamt	659 531	3 886 923	98 071 846	148 699	25 231	1 722	6	114,53
Maurer	16 730	305 437	5 667 836	338 783	18 556	100	18	2,91
Beton- und Stahlbetonbau	918	55 111	1 175 713	1 280 733	21 334	21	60	0,16
Maurer mit Beton- und Stahlbetonbau	10 661	389 725	7 569 595	710 027	19 423	133	38	1,85
Hochbau mit Zimmerei	1 633	38 865	681 565	417 370	17 537	12	24	0,28
Zimmerer (einschl. Treppenbau, ohne Tischlerei)	7 657	33 816	718 293	93 809	21 241	13	4	1,33
Zimmerer (mit Tischlerei)	5 590	40 151	954 050	170 671	23 762	17	7	0,97
Dachdecker	6 996	41 940	1 109 579	158 602	26 456	19	6	1,21
Straßenbauer (einschl. Pflasterer)	1 961	82 692	1 999 211	1 019 485	24 177	35	42	0,34
Wärme-, Kälte-, Schallschutzbauer	604	7 223	179 636	297 411	24 870	3,15	12	0,10
Mosaik-, Platten- und Fliesenleger	3 473	40 068	1 173 180	337 800	29 280	21	12	0,60
Betonstein- und Terrazzohersteller	1 868	16 668	406 857	217 804	24 410	7,15	9	0,32
Steinholzleger	343	4 744	164 737	480 283	34 725	2,90	14	0,06
Steinmetze (einschl. Marmor- und Natursteinschleifer)	3 382	16 754	419 067	123 911	25 013	7,35	5	0,59
Steinbildhauer	850	2 490	.	.	.	.	3	0,15
Stukkateure	5 149	63 039	1 036 622	201 325	16 444	18	12	0,89
Maler	44 210	220 712	3 082 054	69 714	13 964	54	5	7,68
Kachelofen- u. Luftheizungsbauer	2 335	9 443	282 434	120 957	29 909	4,95	4	0,41
Schornsteinfeger	4 425	11 155	171 502	38 758	15 374	3,00	3	0,77
Schmiede	20 386	45 604	1 235 049	60 583	27 082	22	2	3,54
Schmiede mit Schwerpunkt Fahrzeugbau	1 207	9 275	319 960	265 087	34 497	5,60	8	0,21
Schlosser	10 083	50 181	1 097 911	108 887	21 879	19	5	1,75
Schlosser mit Schwerpunkt Stahlbau	2 674	46 410	1 167 115	436 468	25 148	20	17	0,46

Schlosser mit Schwerpunkt Waagenbau	350	1 722	41 910	119 743	24 338	0,75	5	0,06
Maschinenbauer	3 815	51 131	1 350 461	353 987	26 412	24	13	0,66
Werkzeugmacher	1 228	15 344	283 561	230 913	18 480	5,00	12	0,21
Dreher	986	5 556	108 543	110 084	19 536	1,90	6	0,17
Schweißer	260	2 137	45 295	174 212	21 196	0,80	8	0,05
Fahrrad-Mechaniker	5 901	12 819	339 435	57 522	26 479	5,95	2	1,02
Büromaschinen-Mechaniker	2 203	12 249	306 417	139 091	25 016	5,40	6	0,38
Nähmaschinen-Mechaniker	511	1 490	52 988	103 695	35 563	0,95	3	0,09
Feinmechaniker	1 494	11 452	251 237	168 164	21 938	4,40	8	0,26
Kraftfahrzeugreparatur	17 433	239 238	10 530 437	604 052	44 017	185	14	3,03
Kraftfahrzeugelektriker	1 163	12 813	415 266	357 064	32 410	7,30	11	0,20
Landmaschinenmechaniker	3 606	28 925	1 351 141	374 692	46 712	24	8	0,63
Bauklempner	2 685	12 964	319 081	118 838	24 613	5,60	5	0,47
Kühlerherstellung und -reparatur	248	1 511	35 725	144 052	23 643	0,65	6	0,04
Gas- und Wasserinstallation	2 052	13 704	371 025	180 811	27 074	6,50	7	0,36
Gas- und Wasserinstallation mit Klempnerei	13 439	78 190	2 033 869	151 341	26 012	36	6	2,33
Gas- und Wasserinstallation mit Zentralheizungs- und Lüftungsbau	2 771	38 543	1 194 752	431 163	30 998	21	14	0,48
Zentralheizungs- und Lüftungsbau	1 922	29 287	1 035 972	539 007	35 373	18	15	0,33
Elektroinstallation	22 021	150 227	3 497 894	158 844	23 284	61	7	3,82
Elektromechaniker	1 132	11 048	284 866	251 648	25 784	5,00	10	0,20
Elektromaschinenbauer	1 029	9 430	178 927	173 884	18 974	3,15	9	0,18
Radio- und Fernsehtechniker	4 737	23 992	821 110	173 340	34 224	14	5	0,82
Uhrmacher	9 637	25 013	785 244	81 482	31 393	14	3	1,67
Graveure (einschl. Damaszierer, Formstecher, und Ziseleure)	952	4 127	67 374	70 771	16 325	1,20	4	0,17
Galvaniseure und Metallschleifer	947	8 809	196 108	207 083	22 262	3,45	9	0,16
Messerschmiede	732	1 918	46 835	63 982	24 419	0,80	3	0,13
Goldschmiede	2 569	8 471	239 815	93 350	28 310	4,20	3	0,45
Möbeltischler	6 011	49 139	1 495 920	248 864	30 443	26	8	1,04
Bautischler	5 737	21 029	504 664	87 967	23 998	8,85	4	1,00

Tabelle A 3 (Fortsetzung)

Handwerkszweig	Betriebe 31.5.1963	Besch. 30.9.1962	Umsatz Jahr 1962 1000 DM	Umsatz je Betrieb DM	Umsatz je Besch. DM	Umsatz je Einw. DM	Besch. je Betrieb	Betriebe je 10 000 Einw.
Bau- und Möbeltischler	35 432	132 720	3 148 644	88 864	23 724	55	4	6,15
überwiegend Möbeltischler	—	—	—	—	—	—	—	—
überwiegend Bautischler	—	—	—	—	—	—	—	—
Sonstige Tischler	3 652	15 666	398 185	109 032	25 417	7,00	4	0,63
Rolladen- und Jalousiebauer	605	4 944	169 285	279 810	34 240	3,00	8	0,11
Modellbauer	695	5 384	94 968	136 645	17 639	1,80	8	0,12
Karosseriebauer	1 024	11 169	279 528	272 977	25 027	4,90	11	0,18
Drechsler	1 253	4 468	80 556	64 291	18 029	1,40	4	0,22
Holzbildhauer	676	1 964	29 900	44 231	15 224	0,55	3	0,12
Bürsten- und Pinselmacher	1 403	5 145	100 126	71 366	19 461	1,75	4	0,24
Korbmacher	1 283	3 040	50 513	39 371	16 616	0,90	2	0,22
Herrenschneider	31 409	60 032	760 679	24 219	16 660	13	2	5,45
Damenschneider	31 741	62 933	363 488	11 452	5 776	6,40	2	5,51
Wäscheschneider	1 603	4 818	62 747	39 143	13 023	1,10	3	0,28
Korsettmacher	353	1 533	33 852	95 898	22 082	0,60	4	0,06
Sticker	834	3 115	45 485	54 538	14 602	0,80	4	0,14
Stricker	2 167	10 442	177 249	81 795	17 056	3,10	5	0,38
Modisten	3 935	9 391	177 563	45 124	19 076	3,10	2	0,68
Kürschner	2 574	14 730	464 912	180 618	31 562	8,15	6	0,45
Schuhmacher	40 130	66 547	1 080 689	26 930	16 239	19	2	6,97
Orthopädieschuhmacher	1 677	5 666	103 935	61 977	18 344	1,85	3	0,29
Holzschuhmacher	393	651	8 505	21 641	13 064	0,15	2	0,07
Sattler	1 566	3 034	59 990	38 308	19 772	1,05	2	0,27
Autosattler	663	2 353	56 205	84 774	23 886	1,00	4	0,12
Sattler und Polsterer	5 766	10 404	247 375	42 902	23 777	4,35	2	1,00
Raumausstatter	10 913	36 262	1 090 196	99 899	30 064	19	3	1,90

Bäcker	48 274	207 186	6 492 594	134 495	31 337	114	4	8,38
Konditoren	5 806	41 551	1 016 517	175 080	24 464	18	7	1,01
Fleischer	39 361	197 243	11 531 414	292 965	58 463	203	5	6,84
Augenoptiker	2 311	10 587	336 107	145 438	31 747	5,90	5	0,40
Bandagisten	440	2 666	71 455	162 398	26 802	1,25	6	0,08
Orthopädiemechaniker	657	5 855	136 374	207 571	23 292	2,40	9	0,11
Zahntechniker	1 942	10 324	147 360	75 881	14 274	2,60	5	0,34
Herrenfriseure	10 595	15 373	124 811	11 780	8 119	2,20	1	1,84
Damenfriseure	13 414	55 788	485 188	36 170	8 697	8,50	4	2,33
Herren- und Damenfriseure	28 917	141 199	1 247 160	43 129	8 833	22	5	5,02
Färber und Chemischreiniger	1 012	23 488	328 222	324 330	13 974	5,75	23	0,18
Wäscher und Plätter	3 591	33 967	372 813	103 819	10 976	6,55	9	0,62
Gebäudereiniger	1 576	49 836	352 047	223 380	7 064	6,20	32	0,27
Lackierer	1 374	7 610	135 915	98 919	17 860	2,40	6	0,24
Glaser	4 159	19 369	578 948	139 204	29 890	10	5	0,72
Fotografen (ohne Licht- und Fotopauserei)	5 434	18 116	364 674	67 110	20 130	6,40	3	0,94
Buchbinder	2 070	10 911	179 343	86 639	16 437	3,15	5	0,36
Graphische Handwerke	2 974	18 426	380 509	127 945	20 651	6,70	6	0,52
Klavier- und Harmoniumbauer	519	1 735	53 167	102 441	30 644	0,95	3	0,09
Schilder- und Lichtreklamehersteller	818	4 296	85 689	104 754	19 852	1,50	5	0,14
Vulkaniseure	1 140	9 941	600 627	526 866	60 419	11	9	0,20

Quelle: Statistisches Bundesamt, Handwerkszählung 1963. — [1] Einschl. der handwerklichen Nebenbetriebe. — Nur Betriebe, die das ganze Jahr 1962 bestanden haben; Beschäftigte nach dem Stande vom 30. 9. 1962. — [2] Einschließlich Berlin (West).

Tabelle A 4: Betriebsflächen[1] ausgewählter Handwerkszweige (einschl. handwerklicher Nebenbetriebe) Mitte der 1960er und Mitte der 1970er Jahre, m² (Bundesgebiet)

Handwerkszweig	1966			1975 Ohne Reserveflächen			1975 Einschl. Reserveflächen		
	Haupt-betriebe	Zweig-nieder-lassungen	Insgesamt	Haupt-betriebe	Zweig-nieder-lassungen	Insgesamt	Haupt-betriebe	Zweig-nieder-lassungen	Insgesamt
Bäcker (6—10 Beschäftigte)	7 125 000	205 000	7 330 000	8 170 000	232 770	8 402 770	9 460 000	269 520	9 729 520
Konditoreien (6—12 Beschäftigte)	1 224 000	30 100	1 254 100	1 285 200	31 600	1 316 800	1 530 000	37 620	1 567 620
Fleischer (6—10 Beschäftigte)	6 238 500	316 500	6 555 000	7 111 800	36 080	7 147 880	8 297 100	420 940	8 718 040
Herrenschneider (6—8 Beschäftigte)	2 098 000	10 550	2 108 550	1 652 220	8 310	1 660 530	1 835 800	9 230	1 845 030
Damenschneider (4—6 Beschäftigte)	1 933 120	7 500	1 940 620	1 623 900	6 300	1 630 200	1 804 300	7 000	1 811 300
Kürschner (6—8 Beschäftigte)	271 000	7 300	278 300	304 040	8 230	312 270	359 320	9 880	369 200
Modisten (4—6 Beschäftigte)	278 000	3 800	281 800	265 860	3 630	269 490	295 400	4 030	299 430
Schuhmacher (2—3 Beschäftigte)	2 186 400	68 150	2 254 550	2 168 180	66 790	2 234 970	2 477 920	76 330	2 554 250
Raumausstatter (4—5 Beschäftigte)	1 390 800	16 140	1 406 940	1 551 940	18 060	1 570 000	1 790 700	20 820	1 811 520
Elektroinstallateure (8—10 Beschäftigte)	2 956 200	59 050	3 015 250	3 251 880	64 780	3 316 660	3 793 860	75 580	3 869 440
Radio- und Fernsehtechniker (6—8 Beschäftigte)	839 250	22 500	861 750	1 342 800	36 070	1 378 870	1 611 360	43 290	1 654 650
Maler (6—8 Beschäftigte)	5 724 000	35 600	5 759 600	6 387 030	39 800	6 426 830	7 369 650	45 920	7 415 570
Büromaschinenmechaniker (5—6 Beschäftigte)	284 400	6 100	290 500	317 330	6 760	324 090	366 150	7 800	373 950
Zweiradmechaniker (4—6 Beschäftigte)	962 100	8 200	970 300	748 400	6 350	754 750	860 660	7 300	867 960
Buchbinder (5—6 Beschäftigte)	263 250	2 500	265 750	250 120	2 380	252 500	288 600	2 750	291 350

Gewerbe								
Uhrmacher, Gold- und Silberschmiede (4–6 Beschäftigte)	1 530 000	24 700	1 554 700	1 547 520	24 990	1 572 510	1 805 440	29 150	1 834 590
Fotografen (5–6 Beschäftigte)	653 400	21 050	674 450	620 760	20 030	640 790	724 220	23 370	747 590
Augenoptiker (4–5 Beschäftigte)	265 500	31 400	296 900	321 310	38 000	359 310	350 520	41 450	391 970
Friseure (6–8 Beschäftigte)	4 472 000	183 250	4 655 250	6 149 000	252 750	6 401 750	7 267 000	298 700	7 565 700
Wäscher und Plätter (12–15 Beschäftigte)	617 000	27 800	644 800	493 600	22 240	515 840	493 600	22 240	515 840
Chemischreiniger (25–30 Beschäftigte)	202 000	71 100	273 100	185 800	65 410	251 210	185 800	65 410	251 210
Bau- und Möbeltischler (6–8 Beschäftigte)	30 954 000	207 200	31 161 200	35 390 600	237 500	35 628 100	40 446 400	271 430	40 717 830
Gas- und Wasserinstallateure (8–10 Beschäftigte)	2 897 250	52 200	2 949 450	3 349 170	60 340	3 409 510	3 940 200	70 990	4 011 190
Zentralheizungs- u. Lüftungsbauer (12–15 Beschäftigte)	690 000	19 900	709 900	894 240	25 860	920 100	1 059 840	30 650	1 090 490
Kraftfahrzeugmechaniker (15–20 Beschäftigte)	16 992 000	481 000	17 473 000	22 939 200	649 350	23 588 550	25 488 000	721 500	26 209 500
Vulkaniseure (10–12 Beschäftigte)	904 000	124 400	1 028 400	1 288 800	178 100	1 466 900	1 611 000	222 650	1 833 650
Karosseriebauer (12–15 Beschäftigte)	924 000	10 000	934 000	1 267 200	13 690	1 280 890	1 425 600	15 400	1 441 000
Hoch- und Tiefbaugewerbe (20–25 Beschäftigte)	24 624 000	168 000	24 792 000	24 930 000	169 340	25 099 340	27 700 000	188 160	27 888 160
Schlosser (10–12 Beschäftigte)	7 035 000	52 400	7 087 400	7 175 500	53 280	7 228 780	8 610 600	63 930	8 674 530
Maschinenbauer (10–12 Beschäftigte)	2 262 500	2 500	2 265 000	2 375 500	2 630	2 378 130	2 850 600	3 150	2 853 750
Landmaschinenmechaniker (8–10 Beschäftigte)	6 450 000	121 050	6 571 050	9 460 000	177 540	9 637 540	11 825 000	221 900	12 046 900
Schmiede (8–10 Beschäftigte)	29 550 000	82 800	29 632 800	31 520 000	115 000	31 635 000	39 400 000	143 750	39 543 750

Berechnungen und Schätzungen aufgrund der Handwerkszählung 1963, von Sekundärstatistiken des Westdeutschen Handwerkskammertages, Düsseldorf, des Instituts für Handwerkswirtschaft e. V., München, und der Rationalisierungsgemeinschaft Schleswig-Holstein e. V., Kiel. — [1] Betriebsfläche einschl. Aufenthalts-, Umkleide- und Sozialräume, wo notwendig auch Garage, Lager-, Büro- und Freifläche. Die Reservefläche für künftiges Betriebswachstum beträgt 10 bis 25 vH.

Tabelle A 5: Der Absatz des Fachhandels je m² Verkaufsraum 1956 bis 1965 (Bundesgebiet)

Branche		1956	1957	1958	1959	1960	1961	1962	1963	1964	1965
Lebensmitteleinzelhandel	in DM	4 890	4 800	5 040	5 230	5 430	5 490	5 410	5 520	5 730	6 170
	1965=100	79,3	77,8	81,7	84,8	88,0	89,0	87,7	89,5	92,9	100
Drogerien	in DM	2 960	3 110	3 350	3 430	3 610	3 730	4 010	4 130	4 240	4 510
	1965=100	65,6	69,0	74,3	76,1	80,0	82,7	88,9	91,6	94,0	100
Reformhäuser	in DM	4 410	4 770	4 710	4 480	4 440	4 330	3 960	4 460	4 670	4 950
	1965=100	89,1	96,4	95,2	90,5	89,7	87,5	80,0	90,1	94,3	100
Tabakwareneinzelhandel	in DM	7 340	5 640	7 330	7 820	8 730	9 880	11 200	13 080	15 290	13 060
	1965=100	56,2	43,2	56,1	59,9	66,8	75,6	85,8	100,2	117,1	100
Textileinzelhandel	in DM	3 160	3 230	3 150	3 080	3 230	3 460	3 460	3 520	3 690	3 960
	1965=100	79,8	81,6	79,5	77,8	81,6	87,4	87,4	88,9	93,2	100
davon mit vorwiegend											
Herren- und Knabenoberbekleidung	in DM	3 610	3 740	3 480	3 210	3 400	3 830	3 880	3 800	4 200	4 420
	1965=100	81,7	84,6	78,7	72,6	76,9	86,7	87,8	86,0	95,0	100
Damen-, Mädchen-, Kinderoberbekleidung	in DM	2 960	3 160	3 200	3 220	3 250	3 580	3 620	3 670	3 720	4 560
	1965=100	64,9	69,3	70,2	70,6	71,3	78,5	78,9	80,5	81,6	100
Herren-, Damen-, Kinderoberbekleidung	in DM	3 870	3 300	2 800	2 680	2 980	3 340	3 520	3 480	3 740	4 040
	1965=100	95,8	81,7	69,3	66,3	73,8	82,7	87,1	86,1	92,6	100
Meterwaren	in DM	3 940	5 020	—	—	—	—	—	—	4 630	4 990
	1965=100	79,0	100,6	—	—	—	—	—	—	92,8	100
Wäsche, Wirk- und Strickwaren	in DM	3 950	3 880	3 880	3 920	4 110	4 250	4 360	4 810	4 490	4 480
	1965=100	88,2	86,6	86,6	87,5	91,7	94,9	97,3	107,4	100,2	100
Haus- und Bettwäsche, Bettwaren	in DM	3 020	2 840	2 390	2 710	2 460	2 720	2 940	2 740	2 850	3 210
	1965=100	94,1	88,5	74,5	84,1	76,6	84,7	91,6	85,4	88,8	100
Herrenausstattung	in DM	3 960	4 190	—	—	—	3 960	4 020	4 550	4 550	4 960
	1965=100	79,8	84,5	—	—	—	79,8	81,0	91,7	91,7	100
Teppichen, Möbelstoffen und Gardinen	in DM	2 200	2 840	—	—	—	2 900	2 780	2 690	2 970	3 203
	1965=100	68,7	88,7	—	—	—	90,5	86,8	84,0	92,7	100

gemischtem Sortiment	in DM	2 670	2 720	2 710	2 590	2 700	2 890	2 860	2 920	2 970	3 110
	1965=100	85,9	87,5	87,1	83,3	86,8	92,9	92,0	93,9	95,5	100
Schuheinzelhandel	in DM	3 690	3 760	3 560	3 690	3 580	3 740	3 600	3 620	3 790	3 820
	1965=100	96,6	98,4	93,2	96,6	93,7	97,9	94,2	94,8	99,2	100
Möbeleinzelhandel	in DM	1 260	1 240	1 180	1 080	1 100	1 130	1 140	1 070	1 150	1 280
	1965=100	98,4	96,9	92,2	84,4	85,9	88,3	89,1	83,6	89,8	100
Beleuchtungs- und Elektroeinzelhandel	in DM	.	.	—	—	—	—	—	—	5 520	5 420
	1965=100	.	.	—	—	—	—	—	—	101,8	100
Glas-, Porzellan- und Keramik-Einzelhandel	in DM	.	.	2 410	2 250	2 290	2 560	2 750	2 770	2 870	3 210
	1965=100	.	.	75,1	70,1	71,3	79,8	85,7	86,3	89,4	100
Eisenwaren- und Hausrathandel	in DM	.	.	3 600	3 880	4 020	4 270	4 580	4 870	6 070	5 610
	1965=100	.	.	64,2	69,2	71,7	76,1	81,6	86,8	108,2	100
davon mit vorwiegend											
Haus- und Küchengeräten	in DM	.	.	2 160	1 840	2 000	2 080	2 210	2 230	2 280	2 350
	1965=100	.	.	91,9	78,3	85,1	88,5	94,0	94,5	97,0	100
Kleineisenwaren, Werkzeugen	in DM	.	.	5 770	5 860	6 680	8 000	7 910	9 650	12 090	11 560
	1965=100	.	.	49,9	50,7	57,8	69,2	68,4	83,5	104,6	100
Großgeräten[1]	in DM	—	—	—	—	—	—	—	—	4 700	4 520
	1965=100	—	—	—	—	—	—	—	—	104,0	100
gemischtem Sortiment	in DM	.	.	3 510	4 000	3 850	4 000	4 450	4 380	5 020	4 380
	1965=100	.	.	80,1	91,3	87,9	91,3	101,6	100	114,6	100
Tapeten- und Linoleumhandel	in DM	4 470	4 480	4 680	4 830	4 580	5 010	5 730	6 060	6 490	6 450
	1965=100	69,3	69,5	72,6	74,9	71,0	77,7	88,8	94,0	100,6	100
Papier-, Büro- und Schreibwareneinzelhandel	in DM	3 480	3 330	3 610	3 520	4 120	4 320	4 760	5 090	5 060	5 420
	1965=100	64,2	61,4	66,6	64,9	76,0	83,4	87,8	93,9	93,4	100
Büromaschinen-, -möbel- und Organisationsmitteleinzelhandel	in DM	11 280	8 830	7 540	8 760	9 000	11 290	10 190	10 030	12 250	12 640
	1965=100	89,2	70,0	60,0	69,3	71,2	89,3	80,6	79,4	96,9	100
Fahrradeinzelhandel	in DM	2 430	2 430	—	—	—	—	—	—	2 610	2 670
	1965=100	91,0	91,0	—	—	—	—	—	—	97,8	100
Radio- und Fernsehgeräteeinzelhandel	in DM	3 870	3 730	4 010	4 180	4 070	4 600	5 080	4 640	4 900	5 450
	1965=100	71,0	68,4	73,6	76,7	74,7	84,4	93,2	85,1	89,9	100

Tabelle A 5 (Fortsetzung)

Branche		1956	1957	1958	1959	1960	1961	1962	1963	1964	1965
Photoeinzelhandel	in DM	5 760	6 080	6 830	6 560	6 980	6 820	7 170	6 900	7 270	7 620
	1965=100	75,6	79,8	89,6	86,1	91,6	89,5	94,1	90,6	95,4	100
Uhren-, Juwelier-, Gold- und Silberwareneinzelhandel	in DM	4 840	4 980	5 390	5 380	5 860	6 500	7 030	6 890	7 690	8 750
	1965=100	55,3	56,9	61,6	61,5	67,0	74,3	80,3	78,7	87,9	100
Leder- und Galanteriewareneinzelhandel	in DM	2 840	3 090	3 040	3 170	3 590	3 860	4 090	4 130	4 160	4 560
	1965=100	62,3	67,8	66,7	69,5	78,7	84,6	89,7	90,6	91,2	100
Sportartikeleinzelhandel	in DM	3 040	2 860	3 090	2 850	3 150	2 960	3 080	3 410	3 410	3 420
	1965=100	88,8	83,6	90,4	83,3	92,1	86,5	90,1	99,7	99,7	100
Sortimentsbuchhandel	in DM	4 470	4 340	4 430	5 110	5 270	5 400	5 780	5 740	6 280	6 680
	1965=100	66,9	65,0	66,3	76,5	78,9	80,8	86,5	85,9	94,0	100
Blumenbindereien	in DM	3 300	3 180	2 800	3 190	3 610	3 610	3 940	3 610	4 390	4 930
	1965=100	66,9	64,5	56,8	64,7	73,2	73,2	79,9	73,2	89,0	100
Gemischtwarengeschäfte	in DM	—	—	2 630	2 920	2 960	3 140	3 360	3 390	3 430	3 830
	1965=100	—	—	68,7	76,2	77,3	82,0	87,7	88,5	89,6	100
Spielwareneinzelhandel	in DM	—	—	—	—	—	2 730	2 730	2 630	2 550	2 540
	1965=100	—	—	—	—	—	107,5	107,5	103,5	100,4	100
Parfümerieeinzelhandel	in DM	—	—	—	—	—	—	—	—	6 470	7 230
	1965=100	—	—	—	—	—	—	—	—	89,5	100
Miederwaren	in DM	—	—	—	—	—	—	—	—	4 210	6 860
	1965=100	—	—	—	—	—	—	—	—	61,4	100
Baby- und Kinderausstattung	in DM	—	—	—	—	—	—	—	—	3 870	4 200
	1965=100	—	—	—	—	—	—	—	—	92,1	100
Musikalienhandel	in DM	—	—	—	—	—	—	—	—	4 640	4 920
	1965=100	—	—	—	—	—	—	—	—	94,3	100
Einzelhandel insgesamt	in DM	4 070	3 970							5 260	5 460
	1965=100	74,5	72,7							96,3	100

Quelle: Schriften zur Handelsforschung, Nr. 24 und 32, Umsatz, Kosten, Spannen und Gewinn des Einzelhandels, Köln und Opladen 1963 und 1965, S. 76 bzw. 80; Mitteilungen des Instituts für Handelsforschung an der Universität zu Köln, Jg. 9 (1957), Nr. 44, Jg. 10 (1958), Nr. 56, Jg. 17 (1965), Nr. 8, Jg. 18 (1966), Nr. 8. — [1] Heiz- und Kochgeräte, Waschmaschinen und Kühlschränke.

Tabelle A 6: Der Absatz des Fachhandels je m² Geschäftsraum 1956—1965 (Bundesgebiet)

Branche		1956	1957	1958	1959	1960	1961	1962	1963	1964	1965
Lebensmitteleinzelhandel	in DM	2 460	2 400	2 650	2 790	2 910	2 940	2 990	3 100	3 220	3 440
	1965=100	72	70	77	81	85	86	87	90	94	100
Drogerien	in DM	1 170	1 270	1 380	1 440	1 570	1 690	1 820	1 920	2 070	2 090
	1965=100	56	61	66	69	75	81	87	92	99	100
Parfümerieeinzelhandel	in DM	—	—	—	—	—	—	—	—	3 070	3 430
	1965=100	—	—	—	—	—	—	—	—	90	100
Reformhäuser	in DM	2 290	2 550	2 570	2 460	2 390	2 120	2 050	2 140	2 320	2 360
	1965=100	97	108	109	104	101	90	87	91	98	100
Tabakwareneinzelhandel	in DM	5 200	4 460	5 450	5 600	5 870	6 830	7 230	8 200	8 980	8 420
	1965=100	62	53	65	67	70	81	86	97	107	100
Textileinzelhandel	in DM	2 240	2 280	2 190	2 140	2 270	2 440	2 450	2 490	2 560	2 740
davon mit vorwiegend	1965=100	82	83	80	78	83	89	89	91	93	100
Herren- und Knabenoberbekleidung	in DM	2 210	2 350	2 250	2 270	2 310	2 530	2 680	2 690	2 670	3 190
	1965=100	69	74	71	71	72	79	84	84	84	100
Herren-, Damen-, Kinderoberbekleidung	in DM	2 480	2 280	1 980	1 920	2 170	2 460	2 560	2 530	2 590	2 730
	1965=100	91	84	73	70	79	90	94	93	95	100
Meterwaren	in DM	2 550	2 900	—	—	—	—	—	—	3 330	3 390
	1965=100	75	86	—	—	—	—	—	—	98	100
Wäsche-, Wirk- und Strickwaren	in DM	2 730	2 740	2 620	2 670	2 830	2 920	2 960	3 000	3 040	3 090
	1965=100	88	89	85	86	92	94	96	97	98	100
Haus- und Bettwäsche, Bettwaren	in DM	1 680	1 640	1 480	1 460	1 470	1 660	1 660	1 540	1 620	1 750
	1965=100	96	94	85	83	84	95	95	88	93	100
Herrenausstattung	in DM	2 500	2 620	—	—	—	2 780	2 740	2 930	2 890	3 120
	1965=100	80	84	—	—	—	89	88	94	93	100
Teppichen, Möbelstoffen und Gardinen	in DM	1 560	1 930	—	—	—	2 010	2 230	2 190	2 320	2 340
	1965=100	67	82	—	—	—	86	95	94	99	100

7 Beckermann-Schlaghecken

Tabelle A 6 (Fortsetzung)

Branche		1956	1957	1958	1959	1960	1961	1962	1963	1964	1965
Miederwaren	in DM	—	—	—	—	—	—	—	—	3 680	4 200
	1965=100	—	—	—	—	—	—	—	—	88	100
Baby- und Kinderausstattung	in DM	—	—	—	—	—	—	—	—	2 600	2 840
	1965=100	—	—	—	—	—	—	—	—	92	100
gemischtem Sortiment	in DM	1 990	2 040	1 990	1 900	1 990	2 130	2 110	2 150	2 150	2 260
	1965=100	88	90	88	84	88	94	93	95	95	100
Schuheinzelhandel	in DM	2 390	2 420	2 270	2 270	2 240	2 270	2 230	2 210	2 310	2 290
	1965=100	104	106	99	99	98	99	97	97	101	100
Möbeleinzelhandel	in DM	770	760	730	710	720	750	740	710	770	840
	1965=100	92	90	87	85	86	89	88	85	92	100
Beleuchtungs- und Elektroeinzelhandel	in DM	.	.	—	—	—	—	—	—	2 130	2 310
	1965=100	.	.	—	—	—	—	—	—	92	100
Glas-, Porzellan- und Keramikeinzelhandel	in DM	.	.	1 140	1 130	1 190	1 270	1 370	1 370	1 450	1 660
	1965=100	.	.	69	68	72	77	83	83	87	100
Eisenwaren- und Hausrathandel davon mit vorwiegend	in DM	.	.	1 200	1 300	1 390	1 460	1 540	1 570	1 750	1 740
	1965=100	.	.	69	75	80	84	88	90	101	100
Haus- und Küchengeräten	in DM	.	.	1 130	1 020	1 020	1 100	1 180	1 180	1 150	1 180
	1965=100	.	.	96	86	86	93	100	100	97	100
Kleineisenwaren, Werkzeugen	in DM	.	.	1 620	1 800	2 080	2 210	2 140	2 600	2 860	2 880
	1965=100	.	.	56	63	72	77	74	90	99	100
Großgeräten[1]	in DM	—	—	—	—	—	—	—	—	2 040	1 960
	1965=100	—	—	—	—	—	—	—	—	104	100
Öfen und Herden	in DM	—	—	—	—	—	—	—	—	—	—
	1965=100	—	—	—	—	—	—	—	—	—	—
gemischtem Sortiment	in DM	.	.	1 100	1 230	1 290	1 320	1 460	1 320	1 390	1 420
	1965=100	.	.	77	87	91	93	103	93	98	100
Tapeten- und Linoleumeinzelhandel	in DM	1 770	1 740	1 800	1 920	1 770	1 880	1 980	2 030	2 110	2 070
	1965=100	86	84	87	93	86	91	96	98	102	100
Papier-, Büro- und Schreibwareneinzelhandel	in DM	1 600	1 630	1 760	1 740	1 910	2 070	2 170	2 290	2 280	2 410
	1965=100	66	68	73	72	79	86	90	95	95	100

Büromaschinen-, -möbel- und Organisationsmitteleinzelhandel	in DM	3 110	2 800	2 660	2 970	3 560	3 830	3 260	3 220	3 600	3 900
	1965=100	80	72	68	76	91	98	84	83	92	100
Fahrradeinzelhandel	in DM	1 240	1 200	—	—	—	—	—	—	1 190	1 180
	1965=100	105	102	—	—	—	—	—	—	101	100
Radio- und Fernsehgeräteeinzelhandel	in DM	2 480	2 340	2 390	2 440	2 440	2 670	2 780	2 570	2 740	2 830
	1965=100	88	83	84	86	86	94	98	91	97	100
Musikalieneinzelhandel	in DM	—	—	—	—	—	—	—	—	2 700	3 000
	1965=100	—	—	—	—	—	—	—	—	90	100
Photoeinzelhandel	in DM	2 330	2 410	2 680	2 640	2 900	2 880	3 030	3 130	3 020	3 020
	1965=100	77	80	89	87	96	95	100	104	100	100
Uhren-, Juwelier-, Gold- und Silberwaren-Einzelhandel	in DM	2 780	3 080	3 130	3 010	3 210	3 490	3 940	3 770	4 150	4 640
	1965=100	60	66	67	65	69	75	85	81	89	100
Leder- und Galanteriewaren-Einzelhandel	in DM	1 760	1 920	1 860	1 860	2 100	2 380	2 430	2 390	2 340	2 560
	1965=100	69	75	73	73	82	93	95	93	91	100
Spielwareneinzelhandel	in DM	—	—	—	—	—	1 470	1 460	2 410	1 460	1 500
	1965=100	—	—	—	—	—	98	97	161	97	100
Sportartikeleinzelhandel	in DM	2 160	2 000	2 060	1 980	2 100	2 040	2 230	2 430	2 390	2 360
	1965=100	92	85	87	84	89	86	94	103	101	100
Sortimentsbuchhandel	in DM	2 590	2 620	2 750	2 950	3 100	3 210	3 310	3 420	3 740	3 840
	1965=100	67	68	72	77	81	84	86	89	97	100
Blumenbinderei	in DM	1 710	1 890	1 550	1 850	1 900	1 850	2 250	2 030	2 260	2 460
	1965=100	70	77	63	75	77	75	91	83	92	100
Gemischtwarengeschäfte	in DM	—	—	1 490	1 660	1 890	1 920	2 050	2 010	2 160	2 230
	1965=100	—	—	67	74	85	86	92	90	97	100
Einzelhandel insgesamt	in DM	2 260	2 230	—	—	—	—	—	—	2 920	3 050
	1965=100	74	73	—	—	—	—	—	—	96	100

Quelle: Schriften zur Handelsforschung, Nr. 24 und 32, Umsatz, Kosten, Spannen und Gewinn des Einzelhandels, Westdeutscher Verlag, Köln und Opladen 1963 und 1965, S. 74 bzw. S. 78. Mitteilungen des Instituts für Handelsforschung an der Universität zu Köln, Jg. 9 (1957), Nr. 44, Jg. 10 (1958), Nr. 56, Jg. 17 (1965), Nr. 8, Jg. 18 (1966), Nr. 8.

Tabelle A 7: Privater Verbrauch 1955, 1965 und 1975 (Bundesgebiet)

Ware/Warengruppe	je Kopf der Bevölkerung in DM			Anteile in vH		
	1955	1965	1975 in Preisen von 1965	1955	1965	1975
Privater Verbrauch insgesamt	2 538	3 785	5 744,00	100	100	100
Fleisch und Fleischwaren	227	295	361,30	8,94	7,80	6,29
Fische, Fischwaren	16	17	22,40	0,64	0,45	0,39
Eier	26	35	41,93	1,02	0,91	0,73
Milch, Käse	73	88	97,65	2,88	2,32	1,70
Butter	48	64	82,71	1,88	1,70	1,44
Speisefette und -öle	38	28	9,76	1,44	0,73	0,17
Brot, Backwaren und Getreideerzeugnisse (ohne Suppen und Suppenkonserven)	139	147	164,28	5,49	3,89	2,86
Kartoffeln	29	29	31,59	1,15	0,76	0,55
Gemüse	33	48	79,27	1,28	1,27	1,38
Obst	44	79	141,88	1,74	2,08	2,47
Marmeladen, Süßwaren, Zucker	59	74	87,31	2,31	1,96	1,52
Sonstige Nahrungsmittel (einschl. Suppen und Suppenkonserven)	15	21	29,87	0,57	0,55	0,52
Summe 1–12	746	925	1 149,95	29,40	24,42	20,02
Alkoholfreie Getränke	15	42	91,33	0,59	1,10	1,59
Kaffee, Tee	30	58	91,90	1,19	1,54	1,60
Alkoholische Getränke	113	207	318,22	4,44	5,47	5,54
Summe 14–16	158	307	501,45	6,11	8,11	8,73
Tabakwaren	88	134	170,60	3,45	3,54	2,97
Kleidung	258	370	492,26	10,18	9,77	8,57
Schuhe	58	81	121,20	2,29	2,15	2,11
Summe 19–20	316	450	613,46	12,46	11,92	10,68
Mieten	179	317	579,57	7,07	8,37	10,09
Elektrizität	24	53	116,03	0,93	1,40	2,02
Gas	10	14	21,83	0,39	0,37	0,38
Kohlen und sonstige feste Brennstoffe	52	56	63,18	2,06	1,52	1,10
Flüssige Brennstoffe	1	27	94,78	0,03	0,71	1,65
Summe 23–26	87	150	295,82	3,41	4,00	5,15
Möbel, Heimtextilien	113	164	210,23	4,46	4,34	3,66
Heiz- und Kochgeräte, Haushaltsmaschinen aller Art	59	102	163,70	2,34	2,70	2,85
Metall- und Glaswaren, sonst. dauerhafte Waren	30	44	62,04	1,20	1,15	1,08

Ware/Warengruppe	je Kopf der Bevölkerung in DM			Anteile in vH		
	1955	1965	1975 in Preisen von 1965	1955	1965	1975
Tapeten, Farben, Baustoffe, Wohnungsreparaturen	9	14	21,25	0,36	0,36	0,37
Dienstleistungen für die Haushaltsführung	69	65	70,65	2,70	1,72	1,23
Sonst. Waren f. d. Haushaltsführung (ohne Blumen)	32	52	83,86	1,26	1,37	1,46
Fremde Reparaturen und Änderungen	3	5	9,19	0,12	0,12	0,16
Summe 28—34	316	446	620,92	12,45	11,76	10,81
Kraftfahrzeuge und Fahrräder	31	88	209,08	1,21	2,32	3,64
Kraftstoffe und Schmiermittel	24	78	190,12	0,96	2,07	3,31
Sonstige Waren, Reparaturen, Dienstleistungen für eigene Kraftfahrzeuge	13	52	137,86	0,52	1,37	2,40
Fremde Verkehrsleistungen	92	99	93,63	3,63	2,62	1,63
Nachrichtenübermittlung	5	12	27,57	0,20	0,31	0,48
Summe 36—40	166	328	658,26	6,53	8,69	11,46
Waren und Dienstleistungen für die Körperpflege	42	67	108,56	1,64	1,76	1,89
Gesundheitspflege	48	75	130,39	1,88	1,97	2,27
Summe 42—43	89	141	238,95	3,52	3,73	4,16
Rundfunk-, Fernseh- und Phonogeräte, Zubehör, Klaviere, Reparaturen	36	88	172,89	1,41	2,32	3,01
Sonst. dauerhafte Waren für Bildungs- und Unterhaltungszwecke	25	41	56,87	1,00	1,08	0,99
Bücher, Zeitungen, Zeitschriften	55	90	138,43	2,18	2,37	2,41
Sonstige Waren für Bildungs- und Unterhaltungszwecke	19	34	61,46	0,74	0,91	1,07
Unterricht und Forschung	16	18	24,70	0,63	0,48	0,43
Kunst, Sport, Vergnügen	49	48	73,52	1,94	1,28	1,28
Gebühren, Beiträge	6	17	42,51	0,25	0,45	0,74
Summe 45—51	207	336	570,38	8,14	8,89	9,93
Persönl. Ausstattung, sonst. Waren	41	80	147,62	1,60	2,11	2,57
Sonstige Dienstleistungen	146	168	197,02	5,73	4,44	3,43
Summe 53—54	186	248	344,64	7,34	6,55	6,00
Privater Verbrauch insgesamt (Inlandskonzept)	2 538	3 785	5 744,00	100,00	100,00	100,00

Quelle: Berechnungen und Schätzungen nach H. Schaefer, Der Private Verbrauch nach Herkunft und Verwendung. (Schriftenreihe des Rheinisch-Westfälischen Instituts für Wirtschaftsforschung, N. F. 24), Essen 1966.

Literaturverzeichnis

1. Beckermann, Th.: Die Eingliederung von Handwerks- und Einzelhandelsbetrieben in neue Wohngebiete. Schriftenreihe des Rheinisch-Westfälischen Instituts für Wirtschaftsforschung, Essen 1955, N. F. 9
2. Fickel, F. W.: Integrierte und nichtintegrierte Einkaufszentren — Entwicklungen aus absatzwirtschaftlicher Sicht, in: Einkaufszentren in Form von integrierten oder selbständigen Siedlungsgebieten. (Haus der Technik — Vortragsveröffentlichungen, H. 76), Essen 1966
3. Gérard, F.: Der Raum als Betriebsfaktor der Ladeneinzelhandlungen. (Schriften zur Handelsforschung, hrsg. von R. Seyffert, E. Sundhoff, H. Buddeberg und R. Nieschlag, Nr. 25), Köln und Opladen 1963
4. Gesellschaft für Konsum-, Markt- und Absatzforschung e. V. (Hrsg.): Untersuchung des Bedarfs an Versorgungseinrichtungen für das Wohngebiet „Am Frankenthaler Kanal". Nürnberg 1965
5. Handwerkskammer Hamburg (Hrsg.): Wo bleibt das Handwerk im modernen Städtebau? Hamburg 1960
6. Hauptgemeinschaft des Deutschen Einzelhandels (Hrsg.): 19. Arbeitsbericht (1966). Köln 1967
7. Industrie- und Handelstag, Deutscher (Hrsg.): Raumordnung, Landesplanung, Städtebau. (Referate u. Diskussionen eines Fachseminars d. Deutschen Industrie- und Handelstages, veranstaltet vom 7. bis 9. Juni 1961 in Münster), Bonn 1961
8. Institut für Gewerbeforschung (Hrsg.): Die Zuordnung von Gewerbebetrieben zu neuen Wohngebieten. (Schriftenreihe des Wiener Instituts für Standortberatung, Bd. 1), Wien 1964
9. Institut für Handelsforschung (Hrsg.): Mitteilungen des Instituts für Handelsforschung an der Universität zu Köln, Jg. 17 (1965), Nr. 8 und Jg. 18 (1966), Nr. 8
10. Institut für Handelsforschung (Hrsg.): Beschaffung, Lagerung, Absatz und Kosten des Einzelhandels in der Bundesrepublik Deutschland in den Jahren 1955, 1956 und 1957. (Schriften zur Handelsforschung, hrsg. von R. Seyffert, Nr. 11), Köln und Opladen 1959
11. Institut für Handelsforschung (Hrsg.): Umsatz, Kosten, Spannen und Gewinn des Einzelhandels in der Bundesrepublik Deutschland in den Jahren 1961, 1962 und 1963. (Schriften zur Handelsforschung, begründet von R. Seyffert, hrsg. von E. Sundhoff in Gemeinschaft mit H. Buddeberg, R. Nieschlag und F. Klein-Blenkers, Nr. 32), Köln und Opladen 1965
12. Institut für Handwerkswirtschaft (Hrsg.): Die Betriebsflächen in einzelnen Handwerkszweigen. (IHW-Berichte, Nr. 3), München 1966
13. Institut für Wirtschaftsforschung (Ifo-Institut München): Ifo-Schnelldienst, Jg. 1966, Nr. 24
14. Institut Gewerbebetriebe im Städtebau (Hrsg.): „ingesta-report". Köln, zweimonatlich erscheinend

15. Jacobs, J.: Tod und Leben großer amerikanischer Städte. Berlin 1963
16. Jahke, R.: Die wirtschaftlichen Grundlagen der Einzelhandelsgeschäfte in neuen Wohngebieten. Stuttgart 1957
17. Krämer, K. (Hrsg.): Zentren in neuen Wohngebieten. (Ausgewählt und eingeleitet von H. Ludmann, H. Fischer und J. Riedel, mit einem soziologischen Beitrag von N. Schmidt; „architekturwettbewerbe", H. 37), Stuttgart 1963
18. Kommission der EWG (Hrsg.): Perspektiven der wirtschaftlichen Entwicklung in der EWG bis 1970. Brüssel 1966
19. Lorenz, K. und B. Delventhal: Ein Beitrag zum Ansatz von Handwerksbetrieben in neuen Wohnsiedlungen. (Hrsg. vom Heinz-Piest-Institut für Handwerkstechnik a. d. Technischen Hochschule Hannover), als Manuskript gedruckt, Hannover 1961
20. Leser, C. E. V.: Forms of Engel Functions. „Econometrica", New Haven, Vol. 31 (1963), S. 694 ff.
21. Lamberts, W. und H. Schaefer: Der Einfluß der Konjunkturentwicklung auf die PKW-Nachfrage in der Bundesrepublik. „Mitteilungen des Rheinisch-Westfälischen Instituts für Wirtschaftsforschung", Jg. 18 (1967), Berlin 1967, S. 39 ff.
22. Osel, W.: Die Filialunternehmen konnten sich behaupten. „Handelsblatt" vom 9. Oktober 1967
23. Otto, K.: Zur Frage zweckmäßiger Siedlungs- und Nahbereichsgrößen unter den Gesichtspunkten wirtschaftlicher Verwaltung und vielfältigen Angebots von Gütern und Diensten. Informationen, hrsg. v. Institut für Raumforschung, Jg. 17 (1967), Nr. 4
24. Rationalisierungsgemeinschaft Handwerk Schleswig-Holstein e. V. (Hrsg.): Der Ansatz von handwerklichen Versorgungsbetrieben in neuen Wohngebieten. Kiel 1963
25. Schaefer, H.: Der Private Verbrauch nach Herkunft und Verwendung. Schriftenreihe des Rheinisch-Westfälischen Instituts für Wirtschaftsforschung Essen, Essen 1966, N. F. 24
26. Shell AG, Deutsche (Hrsg.): Die Entwicklung der Motorisierung in der Bundesrepublik und in den einzelnen Bundesländern sowie Westberlin bis 1985. Ohne Ortsangabe, September 1967
27. Statistisches Bundesamt (Hrsg.): Güterverzeichnis für den Privaten Verbrauch, Ausgabe 1963. Stuttgart und Mainz 1963
28. Thomas, E.: Das Gemeinschaftswarenhaus — Beispiel Schweden. (Schriftenreihe des Deutschen Industrie- und Handelstages, H. 103), Bonn 1967
29. Thomas, E., G. Gries und J. Wolff: Einzelhandel im Städtebau. Shopping Centers in den USA. Europäische Konsequenzen. (Hrsg. v. RKW) Frankfurt/Main 1964
30. Tietz, B.: Konsument und Einzelhandel. Frankfurt/Main 1966
31. Tietz, B.: Die Konsequenzen von Wandlungen der Bevölkerungs- und Wirtschaftsstruktur auf die Kommunal- und Regionalplanung, in: Einkaufszentren in Form von integrierten oder selbständigen Siedlungsgebieten (Haus der Technik — Vortragsveröffentlichungen, H. 76), Essen 1966
32. Tietz, B.: Zur Errichtung neuer Einkaufszentren. Mitteilungsblatt des Handelsinstituts an der Universität des Saarlandes, Saarbrücken 1963, H. 23/24
33. Verband der Automobilindustrie e. V. (Hrsg.): Jahresbericht 1966/67. Frankfurt 1967, und Tätigkeitsbericht 1964/65. Frankfurt/Main 1965
34. Verband der Automobilindustrie e. V. (Hrsg.): Tatsachen und Zahlen aus der Kraftverkehrswirtschaft 1966/67 (31. Folge). Frankfurt/Main 1967
35. William Wilkens Werbeagentur (Hrsg.): Basare — Ketten — Automaten. Evolution und Revolution im europäischen Handel. Hamburg—Frankfurt—Köln 1966

Printed by Libri Plureos GmbH
in Hamburg, Germany